UTB 3485

Eine Arbeitsgemeinschaft der Verlage

Böhlau Verlag · Wien · Köln · Weimar
Verlag Barbara Budrich · Opladen · Farmington Hills
facultas.wuv · Wien
Wilhelm Fink · München
A. Francke Verlag · Tübingen und Basel
Haupt Verlag · Bern · Stuttgart · Wien
Julius Klinkhardt Verlagsbuchhandlung · Bad Heilbrunn
Mohr Siebeck · Tübingen
Nomos Verlagsgesellschaft · Baden-Baden
Orell Füssli Verlag · Zürich
Ernst Reinhardt Verlag · München · Basel
Ferdinand Schöningh · Paderborn · München · Wien · Zürich
Eugen Ulmer Verlag · Stuttgart
UVK Verlagsgesellschaft · Konstanz, mit UVK/Lucius · München
Vandenhoeck & Ruprecht · Göttingen · Oakville
vdf Hochschulverlag AG an der ETH Zürich

UTB Profile

Stefan Gerlach

Immanuel Kant

A. Francke Verlag Tübingen und Basel

Dr. Stefan Gerlach ist Lehrbeauftragter am Philosophischen Seminar der Universität Tübingen.

Bibliografische Information der Deutschen Nationalbibliothek

Die Deutsche Nationalbibliothek verzeichnet diese Publikation in der Deutschen Nationalbibliografie; detaillierte bibliografische Daten sind im Internet über http://dnb.d-nb.de abrufbar.

Dischingerweg 5 · D-72070 Tübingen
ISBN 978-3-7720-8393-8

Gedruckt auf chlorfrei gebleichtem und säurefreiem Werkdruckpapier.

Internet: www.francke.de
E-Mail: info@francke.de

Titelabbildung: Immanuel Kant, Stahlstich von J. L. Raab 1791
Einbandgestaltung: Atelier Reichert, Stuttgart
Satz: Informationsdesign D. Fratzke, Kirchentellinsfurt
Druck und Bindung: fgb · freiburger graphische betriebe
Printed in Germany

ISBN 978-3-8252-3485-0
(UTB-Bestellnummer)

Inhalt

Einleitung

> *Zwei Dinge erfüllen das Gemüth mit immer neuer und zunehmender Bewunderung und Ehrfurcht, je öfter und anhaltender sich das Nachdenken damit beschäftigt: der bestirnte Himmel über mir und das moralische Gesetz in mir. Beide darf ich nicht als in Dunkelheiten verhüllt, oder im Überschwenglichen, außer meinem Gesichtskreise suchen oder blos vermuthen; ich sehe sie vor mir und verknüpfe sie unmittelbar mit dem Bewußtsein meiner Existenz.* (KpV, v 161 f.)

Dieses Buch führt elementar in das Denken Immanuel Kants ein. Die Grundkonstellationen seines Denkens werden dabei so erklärt, dass sie jeder auch ohne philosophisches Vorwissen nachvollziehen kann. Hierfür bietet Kant auch eine günstige Ausgangslage. Denn er ist selbst der Ansicht, dass die philosophischen Probleme einem Menschheitsanliegen entspringen. Das heißt, dass sie solche sind, die jeden angehen aus dem einfachen Grund, weil sie jeder in sich trägt – und dass sie nicht lediglich Aufgabe einer akademischen Spezialdisziplin sind. Kant nennt dies den ‚Weltbegriff der Philosophie', „der das betrifft, was jedermann nothwendig interessirt" (KrV, B 867 Fn.), im Gegensatz zu ihrem Schulbegriff als „einem System der Erkenntnis" (KrV, B 866). Das Bedürfnis, wissen zu wollen, was wir und die Welt um uns sind, was Raum und Zeit, was Schönheit, was die Möglichkeit und Grenzen unseres Erkennens, ob unsere Seelen sterblich sind und ob Gott existiert, ob wir frei sind und wie wir handeln sollen, dieses Bedürfnis gehört zur Grundveranlagung des Menschen. Mit Kant philosophieren heißt, diesen Fragen nachzugehen und zuzusehen, ob sie sich beantworten lassen.

Dieser Gangart von den elementaren Fragen aus entspricht die Ansicht, dass in der Philosophie die Fragen in gewisser Weise wichtiger sind als die Antworten. Denn viele Behauptungen der Philosophie sind deswegen undurchschaubar, weil gar nicht klar ist, auf welches Problem sie sich denn eigentlich beziehen. So gehört zu jeder Behauptung die Frage, auf welche sie Antwort ist, während umgekehrt auch die Fragen, auf welche noch keine Antwort gefunden wurde, sehr fruchtbar sein können. Dabei ist allerdings auch klar: die Fragen dürfen nicht einfach ins Blaue hinein gestellt sein, sondern, wenn sie wirklich gestellt sein wollen, gehört zu ihnen die Bereitschaft, sich ihren Sinn klar zu machen und alle Energie in den Weg zu einer Antwort zu stecken.

Auch dafür, sich allgemeine Probleme existenziell zu den eigenen zu machen, ist Kant exemplarisch. Und Kant weiß zudem, dass die gefundenen Antworten letztendlich blutleer sind und zu sterilen, dogmatischen Behauptungen gerinnen, wenn sie von dem Weg abgeschnitten werden, auf dem sie gewonnen wurden. Demnach kann es in der Philosophie nie darum gehen, fertige Ergebnisse zu referieren, sondern die Probleme zu sehen und Wege und Modelle zu ihrer Lösung zu suchen. Dass Philosophie nicht in den Büchern festgelegt ist, sondern sich immer in der lebendigen gedanklichen Auseinandersetzung mit ihren Grundproblemen, die *unsere* gedanklichen Grundprobleme sind, vollzieht, hat Kant gleichfalls klar gesehen: Die Aufgabe sei es, „nicht Gedanken, sondern denken lernen, [also nicht] Philosophie lernen, welches [...] unmöglich ist, [sondern] philosophiren lernen" (*Vorkritische Schriften* AA ii, 306).

Dieser Einsicht in das Wesen des Philosophierens ist das Konzept dieser Einführung geschuldet. Sie ist sich allerdings bewusst, dass die Qualität des Philosophierens wesentlich von der Beharrlichkeit und Tiefe dieses Fragens bestimmt wird (wofür wiederum Kant exemplarisch ist), dass dies allerdings unter dem Anspruch, von den Fragen ausgehend einen Überblick über Kants Denken zu erzielen, im Rahmen einer Einführung nur begrenzt geleistet werden kann. Es werden gleichsam die Ausgangspunkte aufgefunden und die ersten Schritte des Weges gegangen und von dort das Ziel gezeigt, in das hinein Kant sein Fragen führt – so dass zuletzt Ausgangspunkt und Orientierung im Denken Kants gewonnen werden können, die Landkarte und der Standpunkt, von dem aus man selbst den weiteren Weg beschreiten kann.

Um dieses Ziel zu erreichen, gibt diese Einführung mehrere zusätzliche Hilfsmittel an die Hand: am Ende jedes Kapitels findet sich ein Hinweis zu den wichtigsten Stellen, an denen Kant das besprochene Problem behandelt und ein Hinweis auf diesbezüglich besonders hilfreiche Literatur. Zuallererst jedoch gehört zur historischen Beschäftigung mit klassischen Texten der Philosophie die Aneignung und das Verständnis der zentralen *Begriffe*, das heißt derjenigen Wörter, die innerhalb dieser Philosophie eine spezifische Bedeutung und ein besonderes Gewicht haben. Als Ziel kann man sich hier setzen, diese Begriffe so zu verstehen, dass man sie in eigener Sprache erklären kann. Sie werden deswegen zur Orientierung als Leitbegriffe an den Anfang derjenigen Kapitel gestellt, in denen sie im Zusammenhang der Sachdiskussion besondere Erläuterung finden. Nach Möglichkeit werden dabei Kants eigene Definitionen herangeführt und expliziert. Diejenigen Stellen, an denen diese unmittelbare Worterklärung gegeben wird, sind fett gedruckt. Ein Sachregister im Anhang erleichtert dass Auffinden der entsprechenden Stellen.

Die Erläuterung philosophischer Texte und Gedanken ist immer deren *Interpretation.* Dies heißt nichts weniger, als dass es keine feste einheitliche Lesart eines Philosophen gibt und geben kann, die so etwas wie einer Grund-Übereinkunft der Forschergemeinschaft entspräche. Zwar gibt es auch eindeutige Wahrheiten und Falschheiten über jeden Philosophen, aber der Bereich des Umstrittenen und immer neu zu Deutenden, der dazwischen liegt, berührt nicht lediglich irgendwelche Randgebiete, sondern betrifft das Zentrum des jeweiligen Philosophierens selbst. So ist in etwa unumstritten, dass Kant der Überzeugung war, objektive Gegenstandserkenntnis könne nur durch das Zusammenwirken von Verstand und sinnlicher Anschauung zustande kommen und weder durch den Verstand, noch die Sinnlichkeit alleine – aber was dabei genau mit ‚objektiv' oder ‚Gegenstand' gemeint sei, und wie demnach dieses Zusammenwirken genau verstanden werden müsse, darüber gibt es keine Einigkeit. Auch hierfür gibt es einsehbare Gründe: je tiefer eine Philosophie geht (und Kant geht Schwindel erregend tief!), desto folgenreicher für das Ganze sind selbst subtilste Unterschiede in der Auffassung von Grundbegriffen und -argumenten.

So kann, wie bedauerlich dies insbesondere für denjenigen, der sich seiner Philosophie erst nähert, auch sein mag, keine Rede davon sein, es gebe so etwas wie eine im Innersten klare Lehre Kants, die es nur noch zu vermitteln und verstehen gelte. Im Gegenteil muss man feststellen, dass auch nach 200 Jahren intensiver Forschung keine letzte Übereinkunft darüber besteht, was Kant genau gewollt habe, wie er dies zu erreichen versuchte, und ob ihm dies gelungen sei.

Es gibt in Kants Werk oft eine große Spannung zwischen seinem Plan, das heißt z.B. dem systematischen und architektonischen Aufbau seiner Werke bis in die Einteilung der Kapitel und Unterabschnitte hinein und der tatsächlichen Durchführung seines philosophischen Programms. Dementsprechend gibt es Interpreten, welche Kant eher von der Seite seines Programms her lesen und die zu zeigen versuchen, dass er dieses im Grunde auch durchgeführt habe und solche, welche sich im Zweifel damit abfinden, dass Kant sich an seine eigenen Vorgaben und Ankündigungen nicht gehalten habe und die sich daher weniger für Kants Systematik als für seine sach- und problembezogene Argumentation interessieren. Die hier gegebene Einführung gehört zu dieser zweiten Gruppe. Dennoch gehört zu einer Grund- Orientierung im Denken Kants selbstverständlich auch eine Grund-Orientierung in dessen Einteilungen.

Überblick

Im ersten Kapitel wird Kants philosophische Grundfrage aufgezeigt, die sich folgendermaßen formulieren lässt: Ist Metaphysik als eine Wissenschaft, die Fragen zu beantworten sucht, welche über den Bereich des Anschaulichen grundsätzlich hinausgehen, die aber zugleich dessen Bedingungen enthält, überhaupt möglich? Zur Beantwortung dieser Frage findet Kant einen neuen gedanklichen Ansatz, der besagt, dass die subjektiven Erkenntnisbedingungen zugleich die objektiven Bedingungen der zu erkennenden Gegenstände seien.

Im zweiten Kapitel wird gezeigt, dass Kants Antwort auf die naturphilosophische Frage nach Raum und Zeit auf diese Weise zugleich die Antwort auf die Frage ist, was die Grundbedingungen unserer sinnlichen Anschauung seien.

Im dritten Kapitel wird sich entsprechend zeigen, dass die Grundbedingungen unseres Denkens, nämlich dessen letzte Grundbegriffe, zugleich die Grundbedingungen der Gegenstände des Denkens sind, und dass eben deshalb Wissenschaft, welche Erkenntnisse beinhaltet, die nicht selbst der Anschauung entnommen sind, möglich ist.

Als die wichtigste dieser Erkenntnisse kann *im vierten Kapitel* anhand der Gültigkeit des allgemeinen Kausalprinzips gezeigt werden, wie dieses als subjektiver Verstandesgrundsatz zugleich seinen eigenen Gegenstandsbereich, die objektive Natur, hervorbringt.

Dass dies aber nicht heißt, dass jedes Denkprinzip, das Gegenstände objektiv denkt, diese zugleich auch rechtfertigt, wird *im fünften Kapitel* anhand der Ideen von Gott, Welt und Seele gezeigt.

Aus der damit vorgenommenen Abgrenzung der Möglichkeiten und Grenzen des Erkennens lassen sich Verfahrensanweisungen für die Wissenschaft ableiten, welche *im sechsten Kapitel* dargestellt werden.

Im siebten Kapitel wird über die Bedeutung und die Reichweite des Schlüsselbegriffs der Freiheit im Gegensatz zum im vierten Kapitel dargestellten Bereich der Natur gezeigt, wie überhaupt ein Bereich des Praktischen, das heißt des Handelns und der Moral möglich ist, welche dann in den nachfolgenden *Kapiteln acht und neun* im Einzelnen dargestellt werden.

Zuletzt ist es *im zehnten Kapitel* der Bereich des Schönen, der inhaltlich bestimmt wird und durch welchen sich die Bereiche des Theoretischen und des Praktischen verbinden lassen sollen.

Ein Ausblick auf Kants Wirkung in der Philosophiegeschichte und sein Spätwerk vervollständigen *im elften Kapitel* die Darstellung.

Allgemeine Literatur zu Leben und Werk

Paul Guyer (Hg.), *The Cambridge Companion to Kant*. Cambridge, 1992.

Otfried Höffe, *Immanuel Kant*. München, 7. Aufl. 2007.

Manfred Kühn, *Kant*. Eine Biographie. München, 2003.

1 Die kopernikanische Wende

Leitbegriffe

Kopernikanische Wende, Metaphysik, Rationalismus, Empirismus, Urteil, synthetisch, analytisch, a posteriori, a priori, empirisch, rein, Kritik, Transzendentalphilosophie, Sinnlichkeit, Verstand, Vernunft, transzendentale Ästhetik und Logik

Kants wichtiger Neuansatz liegt in dem Gedanken, dass die subjektiven Erkenntnisbedingungen zugleich die objektiven Bedingungen der zu erkennenden Gegenstände seien. Daher führt eine Untersuchung der Möglichkeit von Metaphysik über eine Untersuchung der Grundstruktur ihrer Erkenntisbedingungen. Da wir Menschen zwar Sinnlichkeit und Verstand haben, diese aber nicht je für sich die gesuchten Erkenntnisse zuwege bringen können, ergibt sich die Aufgabe, deren Möglichkeit aus dem Zusammenspiel von Denken und Anschauen zu erklären. Dies entspricht der Aufgabe einer Selbstdurchleuchtung (Kritik) der menschlichen Geistesanlagen, kurz: einer Kritik der Vernunft.

Kant stellt eine Zäsur in der Philosophiegeschichte dar, die seinesgleichen sucht. Es ist nicht übertrieben, die Geschichte des philosophischen Denkens in eine Epoche vor und eine Epoche nach Kant einzuteilen. Mit Kant wurde ein neuer Maßstab errichtet, hinter welchen man danach nicht wieder zurückgehen konnte. Und er selbst war sich der Bedeutung des Neuen seines Denkens bewusst: In der Vorrede zur zweiten Auflage der *Kritik der reinen Vernunft* vergleicht er die Neuerung des gedanklichen Ansatzes seines Werkes mit der gedanklichen Umkehrung der Bewegungsverhältnisse von Sternenhimmel und Betrachter, für welche Kopernikus einst berühmt wurde. Der naturwissenschaftlichen „Revolution der Denkart" (KrV, B xii) gleich, liegt das grundsätzlich Neue in

Kants Philosophie in einer veränderten Blickrichtung auf das Verhältnis von Erkenntnissubjekt und Erkenntnisgegenständen – nur in genau umgekehrter Richtung wie bei Kopernikus. Nahm man bis Kopernikus an, der Himmel bewege sich und die Erde (und mit ihr der Mensch) stehe still, so ging er von der Prämisse aus, die Sonne stünde still und die Erde drehe sich um sie.

Kants noch allgemeiner gefasstes Problem liegt darin, wie überhaupt Erkenntnis von Gegenständen, welcher Art auch immer, möglich sei. Entgegen der gleichsam natürlichen Annahme, Gegenstände seien etwas an sich, unabhängig von uns gegebenes, und unsere Aufgabe liege lediglich darin, zuzusehen, wie wir sie im Erkennen fassen können, unternahm Kant den Versuch, „ob wir nicht […] besser fortkommen, wenn wir annehmen, die Gegenstände müssen sich nach unserem Erkenntniß richten" (KrV, B xvi) und nicht umgekehrt. Deswegen müsste eine Untersuchung über die Gegenstände, die wir erkennen wollen, auch eine Untersuchung unserer Erkenntnismöglichkeiten und -funktionen selbst beinhalten, da diese nach der neuen Voraussetzung die Bedingungen enthielten, unter denen dann überhaupt erst Gegenstände dem Erkennen gegeben sein könnten. Da dies im Grunde „eben so, als mit den ersten Gedanken des Copernicus bewandt" (KrV, B xvi) sei, ist diese Neuerung des Ansatzes der Philosophie als **kopernikanische Wende** in die Geschichtsbücher eingegangen, obwohl Kant selbst diesen Ausdruck nie gebraucht hat.

Zwar hat es in der Neuzeit mit Locke, Hume und Leibniz schon mehrfach philosophische Unternehmungen gegeben, die eine Untersuchung unserer Erkenntnismittel der Untersuchung der Gegenstände vorangestellt haben. Das radikal Neue in Kants Blickumkehrung liegt jedoch darin, dass sie nicht nur eine Änderung der Blickrichtung in Hinsicht auf die Erkenntnisfrage von Gegenständen, sondern auch bezüglich der Seinsfrage von Gegenständen beinhaltet. Mit dem kantischen Ansatz sind die Gegenstände in ihren generellen Strukturen abhängig von unseren subjektiven Erkenntnisbedingungen von ihnen. Im Gegensatz zu den vorhergehenden Untersuchungen über den menschlichen Verstand und seine Erkenntnismöglichkeiten ist bei Kant die Vorstellung, es gäbe zunächst und unabhängig von uns Dinge und Ereignisse in Raum und Zeit und wir müssten nur über eine Analyse unseres Erkenntnisapparates herausfinden, was an ihnen wir erkennen könnten, völlig sinnlos. Denn wenn die Möglichkeiten der Erkenntnis von Gegenständen von uns abhängen, dann ist es unsinnig, noch darüber hinaus den natürlicherweise so nahe liegenden Gedanken von einer erkenntnisunabhängigen Seinsebene der Gegenstände aufrechtzuerhalten. Denn diese Ebene wäre ja nach Voraussetzung gerade eine, von der wir nichts wissen könnten. Bei Kant entsprechen die Möglichkeiten und Grenzen des Seins den Möglichkeiten und Grenzen unserer Erkenntnis von ihm. Oder anders gesprochen: „die Bedingungen der Möglichkeit der Erfahrung überhaupt sind zugleich Bedingungen der Möglichkeit der Gegenstände der Erfahrung“ (KrV, B 197). Die zentrale Aufgabe des 3. Kapitels wird sein, genau zu verstehen, wie weit diese Behauptung bei Kant reicht und wie er sie begründet.

Rationalismus vs. Empirismus

Wo genau Kant den neuen Standpunkt seiner Philosophie ansiedelt, wird klarer, wenn man die historische Situation betrachtet, in der Kant sich befand und die Aufgabe, die sich ihm darin stellte und die er mithilfe der kopernikanischen Wende löste.

Nach Kants Diagnose war es um die Königsdisziplin der Philosophie, die **Metaphysik**, als der Wissenschaft von den letzten Prinzipien der Wirklichkeit, etwa Gott, der Welt oder der Seele, schlecht bestellt. Im Gegensatz zu der schon in der Antike zu hoher Blüte gekommenen Mathematik und den sich seit der Neuzeit rasant entwickelnden Naturwissenschaften bot sie nicht mehr als den Schauplatz endloser, unfruchtbarer Streitereien. Insbesondere standen sich in solchen Fragen zwei Parteien unversöhnlich gegenüber: Der Empirismus in der historischen Gestalt Lockes und Humes auf der einen Seite und der Rationalismus in Gestalt von Leibniz und Wolff auf der anderen Seite. Während es nach Ansicht des **Rationalismus** möglich war, durch bloßes Denken zu Erkenntnissen über die Wirklichkeit und deren letzte Prinzipien zu gelangen, war dies für die Seite der Empiristen unmöglich. Nach Ansicht des **Empirismus** wüssten wir gar nichts über die Welt, hätten wir nicht durch unsere Sinne Kenntnis von ihr.

Das Problem der sinnlichen Erkenntnis besteht aber darin, dass sie immer nur auf Einzelnes gerichtet ist und gar nicht zu sehen ist, wie man selbst von einer Unzahl an Einzelerkenntnissen zu einer Erkenntnis allgemeiner Prinzipien gelangen könnte. Hierdurch erhält der Empirismus in Hinsicht auf die Möglichkeit der Erkenntnis allgemeiner Prinzipien eine grundsätzlich skeptische Haltung. Der Rationalismus hingegen tendiert durch die Grundansicht, durch reines Denken gewonnene Einsicht in allgemeine Prinzipien müsse sich nicht an der Erfahrung ausweisen, zum Dogmatischen. In Empirismus und Rationalismus sah Kant demnach nicht nur zwei verschiedene historische Positionen hinsichtlich der Frage nach der Bedeutung und Reichweite der Erkenntnisquellen, sondern auch zwei grundsätzlich unversöhnliche Geisteshaltungen bezüglich der Frage nach der Möglichkeit von Metaphysik.

Synthetisch-apriorische Urteile

Erkenntnisse jeder Art haben die Form von **Urteilen** (Aussagesätzen), unabhängig von der Frage ihrer Wahrheit: „Die Erde ist rund", „Der Mond ist viereckig", „Karl V. war König von Spanien", „Die Summe der Innenwinkel im Dreieck entsprechen zwei rechten Winkeln". Urteile sind das Medium, in welchem sich Erkenntnis darstellt. Daher kann eine Untersuchung über die grundsätzlichen Möglichkeiten von Erkenntnis auch mit einer Analyse von Urteilen ansetzen. In der Form, Herkunft, logischen Struktur und Reichweite von Urteilen und ihren Bestandteilen, den Begriffen, liegt der Schlüssel für die Untersuchung der Reichweite, Herkunft, Rechtfertigung usw. von Erkenntnissen, welche wiederum eine Untersuchung der objektiven Gegenstände dieser Erkenntnis beinhaltet. Ob der Apfel grün und die Welt unendlich ist, kann darüber untersucht werden, ob und wie eine Erkenntnis von grünen Äpfeln und einer unendlichen Welt zustande kommt. Und hierfür bietet es sich an, zu untersuchen, welche Struktur die Urteile „Der Apfel ist grün" und „Die Welt ist unendlich" haben. Dies ist die Vorgehensweise Kants. Man kann dies seine *urteilsanalytische Methode* nennen.

Dem empiristischen und rationalistischen Standpunkt entspricht je ein besonderer Typus von Erkenntnissen. Durch die Sinne vermittelt (empirisch) gewinnen wir Erfahrungsurteile. Diese sagen uns etwas Neues über die Welt, das wir nicht von ihr wüssten, hätten wir es nicht an ihr wahrgenommen. Sie *erweitern* unsere Kenntnis von der Welt dadurch, das wir etwas über eine Sache erfahren, das nicht im Begriff der Sache selbst liegt, etwa, dass eine bestimmte Kugel grün ist – denn Kugeln können auch andere Farben haben. Kant nennt diese Urteile *Erweiterungsurteile* oder **synthetische** Urteile, weil in ihnen eine Sache mit einer Eigenschaft verknüpft (synthetisiert) wird, welche ihr nicht notwendig zukommt.

Dem rationalistischen Verfahren hingegen entsprechen Erkenntnisse durch Begriffsanalyse, denn wir denken in Begriffen. Sie *erläutern* lediglich Begriffe und klären dadurch, was in diesen liegt, sagen aber nichts Neues über die Welt. Kant nennt diese entsprechend *Erläuterungsurteile* oder **analytische** Urteile. Zum Beispiel: „Diese Kugel ist rund". Denn das Rundsein liegt hier schon im Begriff – wäre sie nicht rund, so wäre sie keine Kugel. Deswegen muss man nicht in die Welt hinausschauen, um zu diesem Urteil zu kommen. Man muss nur wissen, was eine Kugel ist und die Analyse dieses Wissens zeigt auf, dass das Rundsein darin bereits enthalten ist. Deswegen sind analytische Urteile auch allgemein: Diese Kugel ist deswegen rund, weil Kugeln überhaupt rund sind. Urteilsanalytisch formuliert: beim Urteil ‚Die Kugel ist rund' ist das Prädikat ‚ist rund' schon im grammatischen Subjekt (‚die Kugel') enthalten:

> *Analytische Urtheile […] sind also diejenige, in welchen die Verknüpfung des Prädicats mit dem Subject durch Identität, diejenige aber, in denen diese Verknüpfung ohne Identität gedacht wird, sollen synthetische Urtheile heißen. Die erste könnte man auch Erläuterungs-, die andere Erweiterungsurtheile heißen.* (KrV, B 10 f.)

Hinzu kommt eine zweite Unterscheidung, die die Herkunft der Urteile betrifft: Urteile, welche auf Erfahrung basieren, nennt Kant **a posteriori** (im Nachhinein), da sie erst nach der konkret gemachten Erfahrung gefällt werden können. Solche Urteile hingegen, die „völlig unabhängig von aller Erfahrung" (KrV, B 117) sind, heißen **a priori** (im Vorhinein). A posteriori-Urteile haben die Eigenschaft, dass sie auch unwahr sein können. Das Urteil „Diese Kugel ist grün" könnte grundsätzlich falsch sein, weil Kugeln auch rot sein können. Allgemein heißt dies: Die Erfahrungswelt kann insgesamt auch anders sein als sie es faktisch ist. Apriorischen Urteilen hingegen eignet Notwendigkeit. Das Urteil „Die Kugel ist rund" kann deswegen nicht falsch sein, weil das Rundsein zum Begriff der Kugel gehört. Das heißt, es ist nicht möglich, dass es ein Ding in der Welt gibt, das sowohl eckig als auch eine Kugel ist. Eben dies zeigt, dass in bestimmter Hinsicht die logischen Strukturen des Denkens und Urteilens mit den logischen Strukturen der Welt identisch sein müssen. Und dass es zum richtigen Denken keine Alternativen geben kann, die gleichfalls richtig wären.

Der Unterscheidung a priori – a posteriori entspricht ein weiteres Begriffspaar, das Kant in diesem Zusammenhang gebraucht: empirisch – rein. **Empirisch** ist Kants Ausdruck für alles, das auf irgendeine Art durch die Sinne zustande kommt, also Empfindung enthält. So gibt es empirische Anschauung, empirische Begriffe, empirische Gegenstände, empirische Erkenntnis usw., die natürlich in a posteriorischen Urteilen formuliert wird, da Erfahrung auf Sinnlichkeit beruht. Ihr Gegenbegriff ist **rein.** Begriffe und Anschauungen „sind entweder rein oder empirisch. Empirisch, wenn Empfindung [...] darin enthalten ist: rein aber, wenn der Vorstellung keine Empfindung beigemischt ist" (KrV, B 74).

Nun ist klar, dass via Erfahrung, also auf empirischem Weg zwar synthetische Urteile möglich sind, die unsere Kenntnisse erweitern, dass diese aber a posteriori sind und damit nicht notwendig wahr. Und dass umgekehrt durch Analyse zwar notwendige, also unabhängig von aller Erfahrung a priori bestehende Urteile möglich sind, diese aber nicht unsere Erkenntnis erweitern.

Urteile	Quelle	Status	Erkenntnis	Subjekt-Prädikat-Relation
a priori	Denken	rein	Begriffserläuterung	analytisch
a posteriori	Wahrnehmung	empirisch	Wissenserweiterung	synthetisch
synthetisch – a priori (?)	Denken und Anschauung	rein	Wissenserweiterung	synthetisch

Tabelle 1: Urteilsformen

Eigentlich interessant aber wären doch solche Urteile, welche zum einen unabhängig von Erfahrung, also a priori notwendig und zum anderen synthetisch wären. Was wir eigentlich wünschten, wäre doch, unsere Erkenntnis in unumstößlich gewissen Urteilen zu erweitern. Da aber offensichtlich das bloße Denken nur analytisch-apriorische und die Wahrnehmung nur synthetisch-aposteriorische Erkenntnisse zustande bringen, stellt sich die Frage, ob überhaupt, und wenn ja, dann wie, synthetisch-apriorische Urteile möglich sind.

Diese Frage ist nicht bloß von urteilstheoretischem Interesse, sondern sie trifft genau in den Kern der Frage nach der Möglichkeit von Metaphysik: denn gerade diese Disziplin verlangt nach echten, und nicht bloß erläuternden Erkenntnissen über notwendige Grundzusammenhänge des Seins. Also sind die Frage nach der Möglichkeit von Metaphysik und die nach der Möglichkeit von synthetisch-apriorischen Urteilen identisch.

Der kritische Weg: Die Transzendentalphilosophie

Um die Frage „wie sind synthetische Urteile a priori möglich?" beantworten zu können, muss Kant demnach einen dritten Weg gehen, der zwischen Empirismus und Rationalismus vermittelt. Und diesen Weg versucht Kant so zu gehen dass er deren Stärken in sich integriert, und zugleich ihre Schwächen eliminiert. Für ihn ist nicht die sinnliche Anschauung nur undeutliches Denken wie für die Rationalisten, aber umgekehrt auch nicht das Denken nur Magd der Sinnlichkeit wie bei den Empiristen. Für Kant sind Sinnlichkeit und Verstand zwei gleichberechtigte Quellen der menschlichen Erkenntnis, die erst im Zusammenspiel ihre volle Wirkung entfalten. Kant versucht demnach, deren Vorzüge zu vereinigen, indem er dieses Zusammenspiel untersucht unter der Prämisse, dass nur im Bezug beider Quellen aufeinander synthetisch-apriorische Erkenntnisse möglich sein können.

Da sich Kant nicht auf die zur Einseitigkeit tendierenden Analysen von Empirismus und Rationalismus verlassen will, muss er hierzu außerhalb des dogmatischen und skeptischen Standpunkts die Leistungsfähigkeit der beiden Erkenntnisquellen je für sich und anschließend im Bezug aufeinander ganz neu bestimmen. Diese „Bestimmung so wohl der Quellen, als des Umfanges und der Gränzen" (KrV, A XII) des menschlichen Erkenntnis- (bzw. Vernunft-)vermögens insgesamt nennt Kant: **Kritik** (von griechisch *krinein* = auseinanderlegen, untersuchen). Sie ist das eigentümliche Verfahren seiner Philosophie der kopernikanischen Wende. Vernunftkritik bei Kant bedeutet also nicht, dass diese bemäkelt würde (und schon gar nicht, dass Kant deshalb ein Gefühlsphilosoph sei) sondern dass sie durchleuchtet wird. Die *Kritik der reinen Vernunft* ist demnach „keine Kritik der Bücher und Systeme, sondern [...] des Vernunftvermögens überhaupt" (KrV, A XII).

Dieses Verfahren, über eine Untersuchung der Erkenntnismöglichkeiten als Strukturen von Vernünftigkeit überhaupt zu den Grundelementen möglicher Urteile und deren Gegenständen zu kommen, nennt man mit Kant auch: **Transzendentalphilosophie**. Der Begriff leitet sich her vom Lateinischen ‚transcendere' = übersteigen; denn sie übersteigt die unmittelbar gegenstandsbezogene Ebene. So ist nach Kant „alle Erkenntniß transscendental, die sich nicht so wohl mit Gegenständen, sondern mit unserer Erkenntnißart von Gegenständen, sofern diese a priori möglich sein soll, überhaupt beschäftigt" (KrV, B 25). ‚Transzendentalphilosophie', auch ‚Kritische Philosophie' genannt, ist demnach zur Bezeichnung für

Kants Philosophie nach 1781 – dem Jahr des Erscheinens der *Kritik der reinen Vernunft* – überhaupt geworden.

Die kritische Untersuchung hat zwei Seiten: sie ist zugleich eine Untersuchung der allgemeinen Erkenntnis*bedingungen* und des menschlichen Erkenntnis*vermögens*. Sie versucht demnach, Antwort auf zwei Fragen zu geben: 1) Was muss sachlogisch vorliegen, damit Erkenntnis zustande kommen kann? Und 2) Welche Erkenntnisfunktionen haben *wir*? Weil eine solche Analyse aber nicht von der Position eines göttlichen Verstandes aus geführt werden kann (bei welchem alle nur denkbaren Erkenntnisbedingungen auch gegeben wären), sondern aus der Position *unserer* Erkenntnisbedingungen, sind diese beiden Seiten aufeinander bezogen. Kants kritische Philosophie ist eine Selbstuntersuchung des menschlichen Erkenntnisvermögens hinsichtlich seiner logisch-strukturellen Grundbedingungen.

Was bedeutet das? Die Grundbedingungen unserer Erkenntnis müssen gemäß dem urteilsanalytischen Ansatz mit den logischen Grundbedingungen von Urteilen überhaupt identisch sein, sonst könnte sich Erkenntnis ja nicht in Urteilen vollziehen. Also gilt es, die logischen Bedingungen von Urteilen als die strukturellen Bedingungen unserer Vernunft, das heißt unserer geistigen Vermögen im weitesten Sinne zu untersuchen.

Ein naheliegendes und schwerwiegendes Missverständnis gilt es dabei ausdrücklich auszuschließen:

Es geht Kant nicht um die realen, psychologischen Bedingungen des Zustandekommens von Erkenntnis, sondern um das, *was in ihr liegt* (vgl. Prol., iv 304), und zwar notwendig in ihr liegt als ihre prinzipiellen, unverzichtbaren strukturellen Bedingungen. Also sind die von Kant offen gelegten Grundstrukturen unseres Denkens *nicht* zu verstehen als die empirischen Vollzugsstrukturen unserer tatsächlichen Denkvorgänge in der Zeit, und schon gar nicht als unsere physiologischen Anlagen, so als wären sie gleichsam „uns mit unserer Existenz zugleich eingepflanzte Anlagen zum Denken“ (KrV, B 167), denn dann würde ihnen „die Nothwendigkeit mangeln“ (KrV, B 168). Alle realen Erkenntnisbedingungen sind zufällig in dem Sinne, dass sie auch anders sein könnten. Unsere gesamte psychologische und physiologische Ausstattung, sei sie individuell oder kollektiv, der Aufbau und die Mechanik unserer Sinnesorgane und unseres Gehirns, die Schärfe unserer Wahrnehmung oder der Grad unserer Intelligenz, all dies spielt in Kants Untersuchungen über die Grundbedingungen unserer Erkenntnis nicht die geringste Rolle. Sondern es gilt umgekehrt: Weil nach Kant die Urteilsstrukturen notwendig sind, sind sie Bedingungen allen real sich vollziehenden Denkens und seiner Gegenstände. Die Strukturen unseres Denkens als Bedingungen allen Erkennens, um die es Kant zu tun ist, sind demnach solche, die jedes denkende Wesen anwenden müsste, selbst wenn es real von ganz anderer Art wäre als wir Menschen. Es sind dies die Strukturen der Vernunft selbst, an der alles, was Vernunft hat, sprich: denken kann, partizipieren muss. Demnach ist die Untersuchung, ob Metaphysik möglich ist, eine Kritik der Vernunft; nicht lediglich unserer, sondern der Vernunft überhaupt.

Der kritische (oder transzendentale) Ansatz ist das eigentliche, enorm fruchtbare Novum Kants. Aus diesem heraus entwickelt er nicht nur seine originäre Philosophie der Erkenntnis, sondern die aller geistigen Fähigkeiten des Menschen und ihrer Gegenstände. Dies sind des Näheren die **Sinnlichkeit** als die Fähigkeit, Gegenstände anzuschauen und wahrzunehmen. Kant nennt sie „die Fähigkeit, (Receptivität) Vorstellungen durch die Art, wie wir von Gegenständen afficirt [= berührt] werden, zu bekommen" (KrV, B 33). Und der **Verstand** als die Fähigkeit, *diese* vorgestellten Gegenstände zu denken oder zu erkennen: „Verstand ist, allgemein zu reden, das Vermögen der Erkenntnisse" (KrV, B 137). Dann schließlich die **Vernunft**, im engeren Sinn gefasst, als die Fähigkeit, Sätze in Schlüssen zu verknüpfen, das heißt zu argumentieren, und im weiten Sinne gefasst als das abstrakte Denkvermögen überhaupt.

Das kritische Jahrzehnt

Eine Untersuchung der Erkenntnismöglichkeiten der Vernunft als Untersuchung, ob synthetische Urteile a priori möglich sind, ist eine *Kritik der reinen Vernunft*. Eine Untersuchung der auf das Handeln bezogenen Vernunft, d. h. der Möglichkeit, Handlungen zu steuern und zu bewerten, ist demnach eine *Kritik der praktischen Vernunft*. Das Vermögen der Vermittlung zwischen den Geistesvermögen, der Beziehung des Verstandes auf die Sinnlichkeit, der Vernunft auf den Verstand und der theoretischen und praktischen Vernunft zueinander heißt: Urteilskraft.

Demnach ist eine *Kritik der Urteilskraft* eine Untersuchung über den Gesamtzusammenhang der Vernunft, welche das kritische Geschäft abschließt. Schließlich entspricht es Kants Begriff der Vernunft (im weiten Sinn), dass

> *ihre Einheit [der praktischen] mit der speculativen [= theoretischen] in einem gemeinschaftlichen Princip zugleich müsse dargestellt werden können, weil es doch am Ende nur eine und dieselbe Vernunft*

sein kann, die bloß in der Anwendung verschieden sein muß. (GMS, iv 391)

Die Untersuchung über die Urteilskraft wird in thematischer Hinsicht in einem noch zu zeigenden Sinne eine Untersuchung über das Schöne sein (Kapitel 10). Hierdurch decken die drei Kritiken der reinen Vernunft, der praktischen Vernunft und der Urteilskraft die drei klassischen Bereiche der Philosophie als einer Theorie des Wahren, Guten und Schönen ab. Sie bilden den Kern der Philosophie Kants, auf den sich diese Einführung beschränkt.

1781	*Kritik der reinen Vernunft.*	1. Auflage (= A-Ausgabe). Grundlegendes Werk zur Theorie des Wissens und der Möglichkeit von Metaphysik.
1783	*Prolegomena zu einer jeglichen Metaphysik, die als Wissenschaft wird auftreten können.*	Populäre Kurzfassung der *Kritik der reinen Vernunft* unter wissenschaftssystematischen Gesichtspunkten.
1785	*Grundlegung zur Metaphysik der Sitten.*	Erste Darstellung der praktischen Philosophie des Kategorischen Imperativs
1787	*Kritik der reinen Vernunft.*	2. Auflage (= B-Ausgabe), erweiterte und teils völlig geänderte Version der ersten Auflage.
1788	*Kritik der praktischen Vernunft.*	Systematische Darstellung der praktischen Philosophie
1790	*Kritik der Urteilskraft.*	Theorie des Schönen (= 1. Teil: Kritik der ästhetischen Urteilskraft) und des Zweckmäßigen in der Natur (= 2. Teil: Kritik der teleologischen Urteilskraft).

Tabelle 2: Überblick: Das Werk des kritischen Jahrzehnts

Grundprobleme und systematischer Aufbau der *Kritik der reinen Vernunft*

Kants Grundproblem war die Möglichkeit der Metaphysik selbst, welcher er mit der *Kritik der reinen Vernunft* ein gültiges Fundament errichten wollte. Anfänglich hatte Kant nicht geplant, dieser zwei weitere Kritiken folgen zu lassen. Für die meisten Hauptfragen, die das Denken

Critik
der
reinen Vernunft
von
Immanuel Kant
Professor in Königsberg.
Riga,
verlegts Johann Friedrich Hartknoch
1781.

Abb. 1: Kritik der reinen Vernunft, Titelblatt der Erstausgabe von 1781.

Kants angetrieben haben, bietet daher die *Kritik der reinen Vernunft*, eine, wenn auch oft nicht abschließende Antwort: Die Probleme von Raum, Zeit, Erkenntnis, Natur, Freiheit, Gott, Welt, Seele und wissenschaftlicher Methode finden hier ihre prinzipiellen Lösungen.

Gleichzeitig war es Kants Anliegen, deren systematischen Zusammenhang aufzuzeigen. Demnach musste sich ein Gesamtplan für das Unternehmen einer vollständigen Vernunftkritik finden lassen. Durch die Grundidee der kopernikanischen Wende war hierfür schon ein Grundriss vorgegeben. Da die Sachprobleme über die Analyse der Erkenntnisvermögen erörtert werden, welche auf sie bezogen sind, ergibt sich ein Aufbau des Werkes, bei welchem der systematische Aufbau der Welt und des Wissens von ihr sich im systematischen Aufbau der Erkenntnisvermögen spiegelt.

Im Einzelnen gliedert sich die *Kritik der reinen Vernunft* zunächst in eine transzendentale Elementar- und Methodenlehre. Erstere behandelt die Grundlagen, Letztere die Ausführung einer Metaphysik als Wissenschaft. Gemäß Kants Lehre von den zwei Stämmen der Erkenntnis, Sinnlichkeit und Verstand, ist der Mensch ein Mischprodukt. Er hat eine sensitive und eine geistige Seite. Beide müssen aufeinander bezogen sein, um Erkenntnis zustande zu bringen – dies entsprach der Vision eines Mittelweges zwischen den Einseitigkeiten des Empirismus und Rationalismus.

Eine allgemeine Kritik des Erkenntnisvermögens muss demnach eine Analyse der Sinnlichkeit und des Verstandes (und eine Erklärung ihres Zusammenwirkens) beinhalten. Dementsprechend gliedert sich die Elementarlehre der *Kritik der reinen Vernunft* in eine Lehre von der Sinnlichkeit (**transzendentale Ästhetik**) und in eine Lehre vom Denken (**transzendentale Logik**).

Die „Transzendentale Logik" ist nochmals in Analytik und Dialektik unterteilt. Die „Transzendentale Analytik" betrifft das Erkenntnisvermögen des auf die Sinnlichkeit bezogenen Verstandes und die „Transzendentale Dialektik“ untersucht negativ die Grenzen der Anwendung der schließenden Vernunft.

Demnach ergibt sich folgende Gliederung:

Kapitel	Erkenntnis-vermögen	Seinsbereich	Problembereich
KrV	Vernunft (weiter Sinn)	allgemein	Metaphysik
I. tr. Elementarlehre			
A. tr. Ästhetik	Sinnlichkeit	Raum und Zeit	Mathematik
B. tr. Logik			
1) tr. Analytik	Verstand	Erscheinungswelt	Physik
a) der Begriffe (durch Begriffe)		Kategorien	synthet. apriori Urt.
b) der Grundsätze (durch Urteile)		Natur	Kausalität
2) tr. Dialektik	Vernunft (enger Sinn, durch Schlüsse)	Idealitäten	Freiheit, Gott, Welt, Seele
II. tr. Methodenlehre: betrifft das Verfahren von Wissenschaft überhaupt			

Tabelle 3: Gliederung der *Kritik der reinen Vernunft*

Zentrale Stellen

KrV, B VII–B XLIV und A VII–A II (Vorrede zur zweiten und ersten Auflage) und B 1–B 29 (= Einleitung). Prol., iv 265–280.

Literatur

Norbert Fischer (Hg.), *Kants Grundlegung einer kritischen Metaphysik*. Einführung in die ‚Kritik der reinen Vernunft‘. Hamburg, 2010.

Paul Guyer, *The Cambridge Companion to Kant's Critique of Pure Reason*. Cambridge, 2010.

Georg Mohr und Marcus Willaschek (Hg.), *Immanuel Kant. Kritik der reinen Vernunft*. Reihe: Klassiker-Auslegen Bd. 17/18. Berlin, 1998. S. 5–79.

2 Was sind Raum und Zeit?

Leitbegriffe

Empfindung, Wahrnehmung, Anschauung, Erscheinungen, transzendentaler Idealismus, Dinge an sich, äußerer und innerer Sinn, reine Anschauungsformen, transzendentale Idealität, empirische Realität, transzendentale Erörterung

Auf die naturphilosophische Frage nach dem Wesen von Raum und Zeit gibt Kant eine radikal neue Antwort: Sie sind subjektive Bedingungen unserer sinnlichen Anschauungen aller Gegenstände in Raum und Zeit. Als solche bilden sie die erste Säule der Transzendentalphilosophie, in welcher Bedingungen der Subjektivität sich als Bedingungen der Erkenntnisgegenstände erweisen: Raum und Zeit werden zu Bedingungen der Mathematik und der mathematischen Naturwissenschaft.

Historische Situation und neuer Ansatz

> *Was sind [...] Raum und Zeit? Sind es wirkliche Wesen? Sind es zwar nur Bestimmungen oder auch Verhältnisse der Dinge, aber doch solche, welche ihnen auch an sich zukommen würden, wenn sie auch nicht angeschaut würden oder sind sie solche, die nur an der Form der Anschauung allein haften und mithin an der subjectiven Beschaffenheit unseres Gemüths?* (KrV, B 37)

An der Art, wie Kant die alte naturphilosophische Frage nach Art und Status von Raum und Zeit erörtert, lässt sich demonstrieren, wie Kants neuer Mittelweg zwischen den vorgefundenen Positionen von Rationalismus und Empirismus funktioniert und wie fruchtbar sein neuer Ansatz der Transzendentalphilosophie hierbei ist.

Vergewissern wir uns zunächst der historischen Angebote, welche Kant in der Frage nach dem Raum und der Zeit vorfand und gegen welche er argumentativ seine eigene Auffassung entwickelte: Dies war 1. die Physik Newtons, welche Raum und Zeit als absolute, real an sich gegebene Größen auffasste („wirkliche Wesen"), unabhängig von allem, das sich in ihnen befindet und unabhängig davon, ob sie von irgendjemandem angeschaut oder gedacht werden. Mit Newton gälte: würde es keine wahrnehmenden und denkenden Wesen und keine materiellen Gegenstände geben, dann wären der Raum und die Zeit genau dieselben, die sie sind. 2. Die Position Descartes' und Humes, nach welcher Raum und Zeit Eigenschaften der Gegenstände („Bestimmungen der Dinge") sind; der Raum in etwa die Wesenseigenschaft der Ausgedehntheit aller physikalischen Dinge (Descartes) oder der Objekte unseres Gesichts- oder Tastsinns (Hume) – wonach in beiden Fällen ein leerer Raum undenkbar wäre. Und 3. die Position Leibniz', nach welcher Raum und Zeit Relationen zwischen objektiven, als an sich seiend gedachten Dingen („Verhältnisse der Dinge") sind.

Aus der Abgrenzung zu diesen Positionen, welche er dem Empirismus und Rationalismus zuordnet, entwickelt Kant Schritt für Schritt seine eigene, neue, transzendentalphilosophische Konzeption von Raum und Zeit.

Demnach können Raum und Zeit nicht der Wahrnehmung entnommen sein (Empirismus), denn dann wären sie wie die wahrgenommenen Dinge kontingent, das heißt, Raum und Zeit könnten wie die Gegenstände der Wahrnehmung auch anders oder überhaupt nicht sein. Beides hält Kant für undenkbar. Raum und Zeit können weder anders noch gar nicht sein. Sie sind notwendig. Aber Raum und Zeit sind auch keine Begriffe (Rationalismus). Wären sie Begriffe, dann müsste es einzelne Fälle von Raum und Zeit geben, die unter deren allgemeinen Begriff fielen; so wie es einzelne Bernhardinerhunde geben muss, die unter die Rasse der Bernhardiner fallen, damit es den Begriff dieser Hunderasse gibt. Ohne Bernhardinerhunde keine Bernhardinerrasse. Einzelne Vorkommnisse des Raumes und der Zeit sind aber nicht Fälle von Raum und Zeit, sondern Ausschnitte, das heißt Bestandteile derselben.

Raum und Zeit sind also weder Wahrnehmungen noch Begriffe. Was aber sind sie dann? Gemäß der Idee der kopernikanischen Wende lässt sich diese Frage nicht in einem direkten Bezug auf Raum und Zeit beantworten, denn das implizierte fälschlich, dass Raum und Zeit als Dinge, Wahrnehmungen oder Begriffe bereits vorlägen. Sondern sie ist über die Analyse der subjektiven Erkenntnisbedingungen zu beantworten, innerhalb derer sich Raum und Zeit auf noch ungeklärte Weise als Gegenstände finden.

Innerhalb der *Kritik der reinen Vernunft* ist es die Kritik des sinnlichen Vermögens der Anschauung und Wahrnehmung, welche zur Beantwortung der metaphysischen Frage nach dem Wesen von Raum und Zeit führt. Diese Kritik des sinnlichen Vermögens ist die „transzendentale Ästhetik".

Kants Konzept der Sinnlichkeit

Die transzendentale Ästhetik ist demnach die „Wissenschaft von allen Principien der Sinnlichkeit a priori" (KrV, B 35). Um Prinzipien der Sinnlichkeit a priori zu erhalten, muss methodisch ein doppelter Abstraktionsprozess geleistet werden: Es müssen aus unseren Vorstellungen und Wahrnehmungen zunächst gedanklich alle begrifflichen Bestimmungen entfernt und sodann aus den verbleibenden empirischen Anschauungen alle Empfindungen, d.h. alles sinnliche Material weggenommen werden. Was dann übrigbleibt, ist eine nicht-begriffliche, nicht-sinnliche Vorstellung: eine reine Anschauung.

Kant beginnt die „Transzendentale Ästhetik" mit einer konzentrierten Begriffserläuterung der wichtigsten Elemente sinnlicher Wahrnehmung. Wie gesehen, ist Sinnlichkeit einer der zwei Stämme der menschlichen Erkenntnis, nämlich derjenige, durch den uns Gegenstände gegeben werden (KrV, B 29) – im Gegensatz zum Verstand, der diese denkt. Dabei sind zwei Fehldeutungen auszuschließen: ‚Ästhetik' ist bei Kant zunächst nicht die Lehre vom Schönen oder vom Geschmack, auch wenn er später tatsächlich diesen Ausdruck auch in diesem Sinne gebraucht (vgl. Kapitel 10). Und ‚Sinnlichkeit' bezeichnet nicht eine Haltung, die den Gefühlen eine besondere Achtung schenkt. Sondern Sinnlichkeit ist allgemein die Fähigkeit, überhaupt Gegenstände vorzustellen und Empfindungen (wie die von Farben, Tönen, Gerüchen usw.) von ihnen zu haben. **Empfindungen** wiederum sind konkret die „Wirkungen eines Gegenstands auf die Vorstellungsfähigkeit" (KrV, B 34). Diese Fähigkeit ist in der Wahrnehmung passiv: Gegenstände ‚berühren uns', das heißt, sie treten in irgendeiner Weise so mit uns in Kontakt, dass wir ohne eigenes aktives Hinzutun Vorstellungen von ihnen bekommen, welche von Empfindungen getragen sind: durch die rote Farbe und die Süßigkeit eines Apfels bekommen wir Farb- und Geschmacksempfindungen der Röte und Süße, wenn wir ihn ansehen oder essen. Und durch diese Geschmacksempfindungen wiederum bekommen wir eine Wahrnehmung von einem roten und süß schmeckenden Apfel. Demnach ist **Wahrnehmung** empirisches, mit Empfindung erfülltes Bewusstsein, in welchem eine Wirklichkeit vorgestellt wird (vgl. KrV, B 207 und A 374).

Anschauung hingegen ist ein Überbegriff zu Wahrnehmung. Während Wahrnehmung immer von Empfindungen getragen wird und passiv auf Reize reagiert, kann die Anschauung auch rein sein, d. h. dass in ihr „nichts, was zur Empfindung gehört, angetroffen wird“ (KrV, B 34). Wir können etwa wenn wir Geometrie betreiben, anschauliche Vorstellungen von Gegenständen haben, ohne diese wahrzunehmen. Wahrnehmung ist demnach empirische Anschauung im Gegensatz zur reinen Anschauung.

Erscheinungen und Dinge an sich

Damit ist aber erst die Begrifflichkeit geliefert, mittels welcher sich die spezifische Auffassung Kants darüber, wie wir in der Wahrnehmung auf Gegenstände bezogen sind, bzw. wie diese uns in der Wahrnehmung gegeben sind, erklären lässt.

Die Sinnlichkeit ist die Art, wie *wir* als sinnlich-vernünftige Wesen von Gegenständen berührt werden, wie *wir* sie empfinden und wahrnehmen. Wie dies bei anderen Wesen sein mag, die eine andere Art von Wahrnehmungen haben mögen, welche gar nicht oder auf andere Weise durch Empfindungen vermittelt ist, oder die eine ganz andere, nicht durch die Sinnlichkeit vermittelte Art, anzuschauen haben, darüber können wir nichts wissen. Für die Analyse der Sinnlichkeit gilt damit etwas anderes als für die der Vernunft. Für diese galt: es gibt nur eine einzige Vernunft und alles, was vernünftig ist, ist dies auf dieselbe Weise, indem es an dieser Vernunft partizipiert. Eine andere Art von Vernunft ist schon nach Voraussetzung nicht denkmöglich. Für die Sinnlichkeit lässt sich zumindest annehmen, sie könnte bei anderen Wesen anders sein. Nur gilt hier: Wir können darüber nichts wissen.

Wenn nun die Sinnlichkeit die Art bezeichnet, wie wir Gegenstände wahrnehmen, dann ist darin mitgedacht, dass es eine Differenz gibt zwischen dem, wie Gegenstände selbst sind und dem, wie sie uns *erscheinen* (und möglicherweise anderen Wesen anders erscheinen). Klar ist allerdings, dass wir nicht nur nicht wissen können, wie dieselben Gegenstände einem Wesen mit anderer sinnlicher Ausstattung, etwa einer Fledermaus, erscheinen mögen, sondern natürlich ebenso wenig, wie sie *an sich*, das heißt, außerhalb aller Bedingungen von Sinnlichkeit überhaupt sein mögen. Das ist ein schwerwiegender Umstand. Denn traditionell lief doch das philosophische Bemühen gerade darauf hinaus, herauszufinden, wie die Dinge nicht bloß erscheinen, sondern wie die Dinge an sich sind. Seit der Antike hieß das Grundprogramm der Philosophie: den (falschen) Schein zu durchschauen, um zum (wahren) Sein zu gelangen. Aber Kant macht mehr als deutlich, dass ein solches Bemühen aussichtslos ist. Wir können niemals aus den Bedingungen und Formen unserer Sinnlichkeit hinaustreten, innerhalb welcher uns Gegenstände ausschließlich gegeben sein können. Um diesen Grundgedanken festzuhalten und ihn konzeptuell durch seine gesamte Erkenntniskritik hindurchzuführen, nennt Kant die Gegenstände, die wir wahrnehmen, „**Erscheinungen**" und die Grundauffassung, dass wir niemals etwas von den Dingen an sich wissen können, sondern bloß von ihnen als uns gegebenen Erscheinungen, **transzendentalen Idealismus**. Nach ihm gilt, dass wir alle Erscheinungen „insgesammt als bloße Vorstellungen und nicht als **Dinge an sich** selbst ansehen" (KrV, A 369). Erscheinungen bilden so die letzte, nicht hintergehbare Realitätsebene. Mit der Bezeichnung der Wahrnehmungsgegenstände als „Erscheinungen" ist demnach nicht die Tatsache gemeint, dass die Dinge einem jeden je nach Perspektive und Situation individuell anders erscheinen, sondern die generelle, für alle Menschen gleiche Bedingung unserer Angewiesenheit auf die Grundstruktur unserer Sinnlichkeit in der Wahrnehmung von Gegenständen.

Mit der Bezeichnung „transzendentaler Idealismus" positioniert sich Kant innerhalb der traditionellen Unterscheidung idealistischer und realistischer Philosophie. Der Idealismus bezeichnet grundsätzlich die Position, dass geistige Gehalte wie Ideen einen höheren Realitätsgrad haben als die materielle, sinnliche Welt; beim Realismus verhält es sich gerade umgekehrt. In Hinsicht auf die Relation von Bewusstsein und Außenwelt nennt man „idealistisch" entsprechend die Ansicht, das Bewusstsein sei die grundlegende, vielleicht einzige Seinsebene, während für den Realismus diese in der physischen Welt besteht.

Daher ist der transzendentale Idealismus streng zu unterscheiden von idealistischen Positionen, nach welchen es gar keine Gegenstände außer unserem Bewusstsein gebe, oder solche zumindest zweifelhaft seien und realistischen Positionen, nach welchen die Gegenstände außer uns genau so sind, wie sie uns erscheinen. Für Kant steht außer Zweifel, dass es eine Welt außerhalb unseres Bewusstseins gibt, aber auch, dass wir davon, wie diese ist, eben weil sie außerhalb unseres Bewusstseins ist, nicht das Geringste wissen können.

Da Erscheinungen durch Empfindungen zustande kommen, d.h. aufgebaut werden (der rote Apfel etwa durch die Rotempfindung), kann man diese als die Materie der Erscheinung auffassen. Demnach bedarf es einer Form, welche diese Empfindungen so ordnet, dass uns durch sie ein Gegenstand erscheint. Diese Form ist bei Kant doppelt: sie ist nichts anderes als *Raum und Zeit!*

Auf der Basis dieser Grundfestlegungen über die basalen Verhältnisse der Gegebenheit sinnlicher Gegenstände in der Wahrnehmung gemäß dem Grundgedanken der kopernikanischen Wende, kann Kant nun in je vier Argumenten gegen Empirismus und Rationalismus seine Raum-Zeit-Theorie als eine Theorie über die Prinzipien der Sinnlichkeit entfalten.

Die vier Raumargumente

1) Der Raum ist *eine Vorstellung a priori* – und nicht a posteriori eine, die aus gegebenen Wahrnehmungen abstrahiert würde. Die gegebenen äußeren Wahrnehmungen können auf mannigfaltige Weise variieren, der Raum, in dem sich ihre Gegenstände befinden, ist immer derselbe. Mehr noch: der Raum muss bereits gegeben sein, damit es überhaupt so etwas wie wahrgenommene Dinge geben kann. Er wird benötigt, um Empfindungen (in mir) als Eigenschaften von Gegenständen *außer mir* zu interpretieren: Also muss diese Raumvorstellung bereits der Wahrnehmung vorausgehen. Raum ist a priori notwendig, damit es etwas außer mir als einen Gegenstand im Raum überhaupt geben kann. Zudem müssen diese Gegenstände unterscheidbare Raumpunkte einnehmen können. Die verschiedenen (unräumlichen) Empfindungen in mir müssen nicht bloß überhaupt verschiedenen Gegenständen, „sondern als in verschiedenen Orten“ (KrV, B 38) sich befindlichen Gegenständen zugeordnet werden können.
2) „Der Raum ist *eine nothwendige Vorstellung*“ (KrV, B 38) – und nicht eine, die auch *nicht* sein könnte. Denn man könnte sich wohl vorstellen, dass es nichts im Raum gäbe, nicht aber, dass dieser selbst nicht wäre. Der Raum ist unwegdenkbar.
3) „Der Raum ist […] *eine reine Anschauung*“ (KrV, B 39) – und kein Begriff von Verhältnissen der Dinge. Wäre dem so, dann wäre der Raum aus einer Vielfalt von Teilverhältnissen aufgebaut. Man kann sich aber nur „einen einigen Raum vorstellen“ (KrV, B 39); und diesen zudem so, dass seine Teile ihm auch nicht vorausgehen, „sondern

nur in ihm gedacht werden" (KrV, B 39) können. Raumteile kann man sich nicht umgeben von Nicht-Raum vorstellen, sondern nur in einem insgesamt allumfassenden Raum.
4) Der Raum ist überhaupt *Anschauung und nicht Begriff.* d. h.: kein Gegenstand des Denkens. Denn Begriffe gehen (Subsumptions-)Verhältnisse der Über- und Unterordnung ein, Raumteile hingegen (Integrations-)Verhältnisse des Bei- und Ineinanders. Der Raum enthält eine unendliche Menge von Vorstellungen in sich. Er ist demnach unmittelbar „eine unendliche gegebene Größe" (KrV, B 39) – und nicht mittelbar begrifflich her- oder abgeleitet.

Also ist der Raum eine reine, apriorische, notwendige Anschauung.

Die vier Zeitargumente

Analog zu den vier Raumargumenten konzipiert Kant vier Zeitargumente mit dem Ergebnis, dass die Zeit gleichfalls eine reine, apriorische und notwendige Anschauung ist:

1) Zeit ist *eine Vorstellung a priori* und nicht empirisch zeitlichen Vorstellungen entnommen. Damit Vorstellungen die Zeitrelationen des Zugleich und Nacheinander haben können, müssen diese für die Vorstellungen vorausgesetzt sein, als eine Form, in der sich die Vorstellungen zeitlich ordnen können. Denn in einzelnen Vorstellungen gibt es keine Zeitformen. Die Zeitformen selbst sind nicht als Gehalte oder Eigenschaften der sinnlichen Anschauungen wahrnehmbar. Demnach müssen sie diesen zugrunde liegen.
2) „Die Zeit ist *eine nothwendige Vorstellung*" (KrV, B 46). Sie ist wie der Raum unwegdenkbar. Es misslingt, aus der Vorstellung irgendeines zeitlichen Dinges die Zeit entfernen zu wollen. Hingegen können wir die Dinge beliebig in Gedanken aus der Zeit nehmen und durch andere ersetzen. Die Dinge und Ereignisse in der Zeit sind variabel, die Zeit selbst ist es nicht.
3) Die Zeit ist *eine reine Anschauung*. Es gibt nur einen einzigen einheitlichen Gegenstand ‚Zeit'; sie ist singulär. Wäre sie ein Begriff von Dingverhältnissen, dann wäre sie keine Einheit, sondern ein Aggregat, d. h. eine Ansammlung von Merkmalen, die diesem Begriff zukommen. Außerdem könnten sich die Sätze, dass verschiedene Zeiten nicht zugleich sein können, oder dass die Zeit nur eine Dimension hat, auf diese Weise nicht rechtfertigen lassen, denn Dingverhält-

nisse, auch solche des Nacheinander können sehr wohl zugleich und in verschiedene Dimensionen erstreckt sein. Solche Sacheinsichten in Wesensstrukturen der Zeit können nur durch unmittelbare Zeit*anschauung* gewonnen werden.

4) Die Zeit ist *eine unendliche Größe*. Wie beim Raum sind die Teile der Zeit immer im Ganzen der Zeit enthalten. Es gibt keine Zeitabschnitte, die umgeben wären von Nicht-Zeit. Sondern alle Zeitspannen kommen nur durch Einschränkung der ursprünglich uneingeschränkten Zeitvorstellung zustande.

Das Verhältnis von Raum und Zeit als Verhältnis von innerem und äußerem Sinn

Zu den gegebenen Analogien von Zeit und Raum gibt es auch Disanalogien. Diese charakterisieren zugleich das Verhältnis von Zeit und Raum untereinander.

Was für den Raum gilt, gilt gleichermaßen für die Zeit: man kann sich nichts außerhalb von uns vorstellen, das nicht in der Zeit ist. Es gibt nichts in der räumlichen Welt, das nicht zugleich auch zeitlich wäre. Alles, von dem wir denken, dass es nicht lediglich in uns sei, denken wir uns als Gegenstände in Raum *und* Zeit. Umgekehrt gilt dies allerdings nicht. Es gibt Zeitliches, das selbst nicht räumlich ist. Nämlich dasjenige, das wir als bloß in uns auffassen: die Abfolge der Gedanken, Empfindungen und Vorstellungen selbst. Wir können uns nicht vorstellen, Vorstellungen welcher Art auch immer zu haben, die nicht in der Zeit wären. Zu allen Vorstellungen muss es andere Vorstellungen geben können, die davor und danach sind. Die Zeit ist also schon deswegen nicht wegzudenken, weil der Vollzug des Denkens selbst in der Zeit ist. Die Abfolge von Vorstellungen in uns ist aber nicht die einer Bewegung oder eines Ereignisses im Raum. Demnach ist die Folge der Vorstellungen in uns zeitlich, nicht aber räumlich, selbst wenn es eine Folge von räumlichen Vorstellungen ist. Alle Raumvorstellung ist in der Zeit, aber nicht alle Zeitvorstellung im Raum.

Kant unterscheidet demnach innerhalb unserer Sinnlichkeit zwischen einem **äußeren** und einem **inneren Sinn**. Die Gegenstände des inneren Sinnes, unsere Vorstellungen selbst, sind psychologisch, die des äußeren physikalisch. Reine innere Empfindungen wie Hunger oder Schmerz sind zeitlich geordnet, haben aber keine Stelle im Raum. (Man darf den Ausdruck ‚innen' hier also nicht wiederum räumlich auffassen, so als handelte es sich um einen Innenraum – etwa in unserem Kopf – im Vergleich zu einem Außenraum). Alle Gegenstände der Welt außer uns hingegen sind immer räumlich *und* zeitlich.

Kant nennt die Zeit die *Form* des inneren, den Raum die *Form* des äußeren Sinnes. Damit ist gesagt, dass der innere Sinn zugleich Bedingung des äußeren ist, und die Zeit gegenüber dem Raum die fundamentalere der beiden Anschauungsformen ist. Die Zeit ist „die unmittelbare Bedingung der inneren [...] und eben dadurch mittelbar auch der äußeren Erscheinungen" (KrV, B 50). Die Zeit integriert den Raum in sich.

Raum und Zeit als Anschauungen und Anschauungsformen

Das entscheidende Argument dafür, dass Raum und Zeit apriorische Anschauungen sind, lautete: wir können alles Sinnliche aus Raum und Zeit wegdenken, sie selbst aber nicht. Denn es bleibt dann immer die Anschauung reinen Raumes und reiner Zeit übrig. Umgekehrt aber gilt auch: wir können Sinnliches immer nur räumlich und zeitlich auffassen. Also ist, was sich als reiner Raum und reine Zeit anschauen lässt, zugleich Bedingung für die sinnlichen raum-zeitlichen Gegenstände selbst. Da deren sinnliche Qualität die Empfindung ist (also empirisch), müssen Raum und Zeit formale Bedingungen sein, unter denen alle sinnlichen Anschauungen (Erscheinungen) stehen. Raum und Zeit sind demnach nicht nur reine Anschauungen, sondern eben dadurch auch zugleich Formen aller Anschauung (**reine Anschauungformen**). Das heißt, sie sind sinnliche Ordnungsfunktionen, die alle Materie der Empfindung überhaupt erst zu räumlichen und zeitlichen Gegenständen machen. Deshalb kann es keine unräumlichen oder unzeitlichen sinnliche Dinge geben. Und deshalb ist es auch unsinnig, über Raum und Zeit außerhalb unserer Anschauungsformen zu spekulieren, so als könne man sich etwas vorstellen, das außerhalb der Möglichkeit unserer Vorstellung läge. Raum und Zeit sind „an sich, außer dem Subjecte, nichts" (KrV, B 51). Das nennt Kant ihre „**transcendentale Idealität**" (KrV, B 44). Analog sind auch Dinge nicht an sich, außerhalb unserer raum-zeitlichen Anschauungsbedingungen, sondern innerhalb unserer subjektiven Bedingungen – und das heißt: als Erscheinungen in Raum und Zeit – gegeben. Da alle Erscheinungen notwendig unter den Anschauungsformen Raum und Zeit stehen, kann Kant diese für **empirisch real** erklären (KrV, B 44). Das heißt, Raum und Zeit sind in dem Sinne real, dass sie „objektive Gültigkeit in Ansehung aller [das heißt für den Raum: aller *äußerer*] Gegenstände, die jemals unseren Sinnen gegeben werden mögen“ (KrV, B 52) besitzen. Alle Wirklichkeit ist Erscheinung. Und alle Erscheinungen sind als Anschauungen in Raum und Zeit gegeben.

Raum-Zeit-Theorie als Transzendentalphilosophie

Zu den vier Argumenten zum Erweis, dass Raum und Zeit apriorische subjektive Anschauungsformen sind, fügt Kant noch je ein weiteres Argument hinzu. Dieses soll den Nachweis bringen, dass die aufgedeckten Strukturen von Raum und Zeit zusätzlich synthetisch-apriorische Urteile ermöglichen. Damit fügt sich die Raum-Zeit-Erörterung in das weit gefasste Programm der Vernunftkritik als Untersuchung über die Möglichkeit synhetisch-apriorischer Urteile ein, als welche sich die Untersuchung über die Möglichkeit von Metaphysik überhaupt ja darstellt. Die Frage, die sich Kant demnach hier stellt, ist, ob sich der erwiesene Status von Raum und Zeit als Quelle für weitere Erkenntnisse, insbesondere solchen synthetisch-apriorischer Form, erweist.

Ganz allgemein charakterisiert Kant diese seiner Philosophie ureigene Form der Fragestellung als **transzendentale Erörterung**. Sie ist „die Erklärung eines Begriffs, als eines Princips, woraus die Möglichkeit anderer synthetischer Erkenntnisse a priori eingesehen werden kann“ (KrV, B 40). Man kann diese auch als indirekte Beweisform verwenden: wo etwas nicht direkt bewiesen werden kann, kann man es darüber recchtfertigen, dass man zeig, dass es die notwendige Voraussetzung für etwas ist, das als sicher gilt. Dabei muss nachgewiesen sein, dass tatsächlich und zudem ausschließlich aus jenem Prinzip diese apriorischen Erkenntnisse möglich seien.

Hier könnte man diese Erörterung als Antwort auf die Frage umformulieren, was eigentlich für die Ausgangsfrage, wie synthetisch-apriorische Erkenntnisse möglich seien, gewonnen ist, wenn Raum und Zeit sich als reine Anschauungsformen (und damit als Prinzipien aller Erscheinungen) erwiesen haben? Was wissen wir dadurch, das wie andernfalls nicht wissen hätten können?

Kants Antwort hierauf ist nichts weniger als die Begründung gleich mehrerer Wissenschaften: Die Erörterung des Raumes mache erst die

Möglichkeit der Geometrie begreiflich. Diese ist zum einen eine reine, nicht-empirische, also apriorische Disziplin, deren Erkenntnisse synthetisch sind. Dass die Summe der Innenwinkel eines Dreiecks immer wie zwei rechte sind, lässt sich nicht aus dem Begriff eines Dreiecks als einer Flächenfigur, die von drei Geraden begrenzt wird, ableiten und keinem Begriff des Raumes entnehmen. Fasst man den Raum aber als Anschauung, dann kann man innerhalb dessen Dreiecke und den Beweis der Konstanz ihrer Winkelsummen anschaulich konstruieren. Alle Geometrie beruht demnach auf reiner Raumanschauung und ist für Kant außerhalb einer solchen auch nicht konzipierbar.

Analog fußt die Algebra auf der Zeitanschauung als reiner Form des inneren Sinnes. Dem bloßen Zugleichsein als Zeitform entspricht hier die Einheit der Zahl, welche ein Vieles zusammenfasst. Zugleich können viele Dinge in einer Zeit sein; entsprechend fasst eine Zahl, etwa die 5, vieles, nämlich fünf Einzelelemente in sich zusammen. Um diese aufzuzählen, bedarf es des Nacheinanders der Zeit. So geschieht die sukzessive Erzeugung der natürlichen Zahlen als Nacheinander solcher Einheiten in der inneren Tätigkeit des Zählens in der Zeit (Prol., iv 283). Die Zahlen der Algebra stellen die Ordnung eines Nacheinander dar, welches sich dem ursprünglichen Nacheinander der Sukzession der Zeit verdankt.

Als Drittes beruht die Kombination von Raum und Zeit, nämlich in der Zeit wandelbare Gegenstände im Raum auf den Anschauungsformen: deren formale Wissenschaft ist die reine Bewegungslehre als Wissenschaft vom Beharren und der Ortsveränderung in der Zeit. Auch hier gilt: kein Begriff kann verständlich machen, wie widersprüchliche Aussagen zu einer und derselben Sache doch wahr sein können. Die Zeit als reine Anschauung, in der die reine Raumanschauung integriert ist, hingegen kann verständlich machen, wie etwas etwa zuerst an einem Ort, dann an einem anderen, oder etwa zuerst gelb, dann nicht-gelb sein kann. Hieraus entspringen nicht nur die reinen Bewegungsgesetze als Grundlagen der newtonschen Mechanik, sondern sogar der Begriff einer Veränderung überhaupt, welche ja nur innerhalb der Zeit möglich ist.

Kants volle Raum-Zeit Theorie

In Kants Erörterungen der „Transzendentalen Ästhetik“ verbinden sich somit drei zunächst völlig heterogene Fragestellungen und begründen sich wechselseitig: Was sind Raum und Zeit? – Wie sind Mathematik und reine Bewegungslehre möglich? – Und: wie kommt Erkenntnis der äußeren, ja auch der inneren Welt zustande?

Zur letzten Frage bildet die „Transzendentale Ästhetik“ nur einen, wenn auch unverzichtbaren Baustein. Zur Erkenntnis der Welt bedarf es der begrifflichen Erkenntnis auch ihrer empirischen Gegebenheiten durch den Verstand. Deren Möglichkeit wird erst in der folgenden „Transzendentalen Logik“ erörtert. Da aber alles Denken, will es nicht ins Leere gehen, sich auf Anschauung beziehen muss und da Wahrnehmung als empirische Anschauung die reinen Anschauungsformen zu ihrer Bedingung hat, erklärt sich, weshalb die Raum-Zeit-Erörterung als Analyse unserer Sinnlichkeit zugleich einen Grundbaustein in der Frage nach der Welterkenntnis bereitstellt. Die Voraussetzung, dass alle äußeren Gegenstände im Raum mit dessen spezifischen Eigenschaften und alle Erscheinungen überhaupt nur in der Zeit sein können, ist für alle weiteren Erörterungen über gegenständliche Erkenntnis damit schon gegeben. (Raum und Zeit sind empirisch real). Damit geht umgekehrt einher, dass Raum und Zeit selbst unter Bedingungen der Subjektivität stehen – und zwar *unserer* spezifischen Subjektivität. Als Formen der Anschauung sind sie auch nur auf Anschauliches bezogen und haben keine Gültigkeit für irgendetwas, das nicht anschaulich wäre – sie sind transzendental ideal. Begriffe in etwa sind nicht raum-zeitlich, sondern können sich nur mittels der Anschauung auf Raum-Zeitliches beziehen.

Dadurch erhält auch die Feststellung, dass die Dinge der Welt vor unseren Augen Erscheinungen und keine Dinge an sich sind, feste Konturen. Als Erscheinungen sind sie in Raum und Zeit. Versuchte man, Raum und Zeit (was unmöglich ist), von ihnen wegzudenken, so bleibe nichts übrig als der Gedanke von einem Etwas ohne jegliche für uns zugängliche Eigenschaften. Dinge an sich, eben als Dinge außerhalb der Bedingungen von Raum und Zeit gedacht, sind daher nichts als leere Begriffe; bloße Worthülsen. Als Begriff von einem Etwas, von dem wir nichts wissen können, dient der Ausdruck „Ding an sich“ Kant lediglich dazu, das falsche Denken eines transzendentalen Realismus zu kennzeichnen, der meint, wir könnten etwas über die Dinge sagen, das über unsere Bedingungen ihrer Anschaulichkeit hinausgeht. Erscheinungen sind keine Dinge an sich und können niemals welche sein. Durch diese Abgrenzung erhält der Ausdruck ‚Erscheinung‘ erst seine scharfe Pointe.

Zuletzt: Raum und Zeit *als* Anschauungsformen (und *nur* als Anschauungsformen) machen erklärlich, wie synthetisch apriorische Urteile in der Mathematik möglich sind. Dies zieht eine weitere, enorm folgenreiche Begründung nach sich: da die reine Anschauung zum einen wissenschaftssystematisch Bedingung der Mathematik und zum anderen erkenntniskritisch Bedingung der empirischen Wahrnehmung ist, erklärt sich, weshalb die Mathematik wiederum wissenschaftssystematisch Bedingung der Erkenntnis von den Gegenständen der Wahrnehmung ist. Jede empirische Naturwissenschaft muss deshalb mathematisch operieren. Dass Galilei die Beschleunigung einer Kugel auf einer schiefen Bahn messen und in eine mathematische Gleichung bringen konnte, liegt demnach daran, dass die Möglichkeit des zahlenmäßigen Messens durch die Räumlichkeit und Zeitlichkeit der Kugel auf der Bahn bereits gegeben war. Die Mathematik ist über die raum-zeitliche Grundbedingung der Anschaulichkeit von vornherein der Erscheinungswelt eingeschrieben.

Zentrale Stellen

KrV, B33–B73 (= Transzendentale Ästhetik); Prol., iv 280–294 (= Der transcendentalen Hauptfrage erster Teil: Wie ist reine Mathematik möglich?).

Literatur

Peter Rohs, *Transzendentale Ästhetik*. Meisenheim, 1973.

Marcus Willaschek, Der transzendentale Idealismus und die Idealität von Raum und Zeit. Eine ‚lückenlose' Interpretation von Kants Beweis in der „Transzendentalen Ästhetik". In: *Zeitschrift für philosophische Forschung* 51, 1997. S. 537–564.

Gerold Prauss, *Kant und das Problem der Dinge an sich*. Bonn, 1974.

Wie sind synthetische Urteile a priori möglich?

Leitbegriffe

Transzendentale Analytik, Kategorien, Begriffe, transzendentale Deduktion der Kategorien, Apperzeption, Grundsätze, Schema, Einbildungskraft

Die positive Antwort auf die Frage nach der Möglichkeit synthetisch-apriorischer Urteile findet Kant im Nachweis letzter Begriffe (Kategorien) des Denkens und deren Anwendungsberechtigung auf die sinnliche Welt. Kant zeigt, dass wir kein zusammenhängendes Bewusstsein von uns und der Welt haben könnten, würden wir nicht unsere eigenen Begriffe auf diese anwenden.

Aufgabe und Programm der transzendentalen Analytik

Die „allgemeine Aufgabe der reinen Vernunft" (KrV, B 19), die Frage, wie synthetische Urteile a priori möglich seien, hat in der „Transzendentalen Ästhetik" eine erste Antwort erhalten: Nur dadurch, dass Raum und Zeit reine Anschauungen sind, ist Mathematik als synthetisch-apriorische Wissenschaft möglich. Doch selbst für die formal-mathematischen Disziplinen ist damit nur eine notwendige, nicht aber hinreichende Bedingung aufgezeigt. Es bedeutet nur: ohne reine Anschauung gäbe es keine Mathematik; nicht aber, dass jene für diese schon ausreicht. Denn auch die Mathematik, die ihre Gegenstände in der reinen raumzeitlichen Anschauung konstruiert, formuliert ihre Erkenntnisse begrifflich in *Urteilen*. Die begriffliche Operation und das Bilden von Urteilen sind selbst aber nicht in der Sinnlichkeit möglich, sondern Sache des Verstandesdenkens. Wie es aber möglich sein soll, dass sich der zur Anschauung völlig heterogene Verstand auf diese beziehen kann, um dann im Falle der reinen Anschauung Urteile der Mathematik bilden zu können, hat die Analyse der Sinnlichkeit („Transzendentale Ästhetik") nicht gezeigt.

Ebensowenig ist damit gezeigt, wie es durch das begriffliche Vermögen des Verstandes möglich sein soll, Urteile über die in der empirischen Anschauung erscheinenden Dinge, kurz: über die Wirklichkeit zu bilden, damit Wissen von der Welt entstehen kann. Dies aufzudecken ist die Aufgabe der „**Transzendentalen Analytik**".

Der Zusammenhang zwischen der Sinnlichkeit, als dem Vermögen, überhaupt Anschauungen von Gegenständen zu haben, und dem Verstand, der *diese* Gegenstände denkt, ist einerseits unmittelbar: Unser Verstand ist auf die Sinnlichkeit angewiesen – lieferte diese keine Anschauungen von Gegenständen, so hätten wir auch nichts zu denken: „Ohne Sinnlichkeit würde uns kein Gegenstand gegeben und ohne Verstand keiner gedacht werden" (KrV, B 75).

Zum anderen ist dieser Zusammenhang jedoch rätselhaft, denn diese zwei Stämme der Erkenntnis bringen nicht je aus sich Erkenntnisse hervor, sondern erzeugen lediglich notwendige, aber nicht isoliert erfolgreiche Elemente für Erkenntnis: „Der Verstand vermag nichts anzuschauen, und die Sinne nichts zu denken" (ebd.).

Nur im Zusammenspiel von Sinnlichkeit und Verstand kommt Erkenntnis zustande. Wie aber, das ist die entscheidende Frage, kommt dieses Zusammenspiel zustande? Wenn gilt: „Gedanken ohne Inhalt sind leer, Anschauungen ohne Begriffe sind blind" (ebd.), wie kann dann ein Verstand, der nichts anzuschauen vermag, doch *über* Anschauungen urteilen? Diese Frage ist deswegen mit der Ausgangsfrage „Wie sind synthetisch-apriorische Urteile durch den Verstand möglich?" verbunden, weil durch den Nachweis der *reinen* Anschauung von Raum und Zeit sich die Möglichkeit solcher Urteile eröffnet hat. Bezieht sich der Verstand als das Vermögen zu urteilen auf die reine Anschauung, so hat er in dieser synthetisch-apriorisches Material: synthetisch qua Anschauung (und nicht Begriff) und apiriorisch qua Reinheit der Anschauung.

Kants Grundidee ist, dass es im Verstand selbst gleichfalls apriorische Elemente geben könnte. Da das Werkzeug des Verstandes Begriffe sind, die sich zu Urteilen zusammenschließen, stellt sich die Frage, ob sich jene formalen Elemente als Begriffe und Urteile erweisen, welche nicht aus der sinnlich-aposteriorischen Beziehung auf die Welt gewonnen wurden, sondern umgekehrt dem Verstand bereits a priori innewohnen.

Kant mutmaßt ferner, dass über diese Begriffe und Urteilsformen als Bedingungen, überhaupt in sinnlicher Hinsicht urteilen zu können, zugleich der gesuchte Zusammenhang zwischen Sinnlichkeit und Verstand hergestellt werden könnte. Oder anders gesagt: wenn es überhaupt einen Zusammenhang zwischen Sinnlichkeit und Verstand gibt (und es *muss* einen geben, sonst könnten wir keinerlei Kenntnis von der Welt in und außer uns haben – welche wir aber ohne allen Zweifel haben), dann kann dieser sich nicht den zufälligen und schwankenden Gehalten der Sinnlichkeit verdanken, sondern muss *notwendig* sein, also von apriorischen Strukturen herrühren. Diese müssen demnach sowohl im Verstand als auch in der Sinnlichkeit liegen. Für den Verstand steht also die Aufgabe an, diese Elemente aufzusuchen und ihren a priori notwendigen Bezug auf die Sinnlichkeit zu zeigen. Das Argumentationsmuster, das sich hierin zeigt, ist wieder das einer transzendentalen Erörterung: der Nachweis apriorischer Verstandesbegriffe erfolgt darüber, dass gezeigt wird, dass diese notwendige Bedingungen für gegenständliche Erkenntnis überhaupt sind (deren Wirklichkeit wir doch voraussetzen).

Eine dritte Mutmaßung Kants ist, dass Begriffe, die dem Verstand a priori gegeben wären, nicht irgendwelche beliebigen sein könnten, sondern es sich bei ihnen um die elementarsten handeln müsste. Solche Grundbegriffe, welche nicht auf andere Begriffe reduziert werden können, nannte bereits Aristoteles ‚**Kategorien**'. Diese wären dann von vornherein gegebene Begriffe, welche, sofern man berechtigt wäre, sie anzuwenden, allem Denken zugrunde liegen müssten und die dadurch auch in allen Erkenntnissen enthalten wären. Es wären also „reine Verstandesbegriffe" (KrV, B 102), welche „sich notwendigerweise und a priori auf Gegenstände der Erfahrung [richteten], weil nur vermittelst ihrer überhaupt irgend ein Gegenstand der Erfahrung gedacht werden" (KrV, B 126) könnte. Sie wären es dann, welche in Anwendung auf die Sinnlichkeit mit ihren apriorischen Anschauungsformen synthetisch-apriorische Urteile, und damit zuletzt im günstigsten Fall auch die gesuchte Metaphysik möglich machen würden.

Den ersten Schritt, den Kant geht, um die Richtigkeit dieser drei Mutmaßungen nachzuweisen, nennt er „Analytik der Begriffe" (KrV, B 90). Ihr folgt die „Analytik der Grundsätze". Die Begriffsanalytik ist aber keine Begriffsanalyse im herkömmlichen Sinn, bei der Begriffsinhalte expliziert werden. Sondern sie ist eine Begriffsbedingungsanalyse, also gemäß dem Programm der Transzendentalphilosophie eine Analyse, die überhaupt erst zeigt, wie solche reinen Begriffe möglich und dann als zweites, wie reine Erkenntnisse a priori auf ihrer Basis möglich sind. Daher besteht die Analytik der Begriffe in der „Zergliederung des Verstandesvermögens selbst, um die Möglichkeit der Begriffe a priori dadurch zu erforschen" (KrV, B 90).

Konkret führt Kant dieses Unternehmen in zwei Schritten durch. Er zeigt zuerst auf, welche Begriffe als solche Stammbegriffe des Denkens in Frage kämen. Dies ist die *metaphysische Deduktion der reinen Verstandesbegriffe.* Anschließend zeigt er, dass diese Kategorien tatsächlich Gültigkeit in Hinsicht auf eine Anwendung auf die Sinnlichkeit überhaupt und die Empirie im Speziellen haben. Dementsprechend nennt Kant dieses Beweisverfahren: *transzendentale Deduktion der reinen Verstandesbegriffe.*

Begriffe

Dieses doppelte Verfahren entspricht den zwei Seiten der Begrifflichkeit des Verstandes: dass Begriffe sich empirisch auf Erscheinungen beziehen und rational als Funktionen möglicher Urteile dienen. Wenn das Urteil „der Ball ist rot" gelten, das heißt wahr sein soll, muss sich der Begriff ‚Ball' sowohl auf den realen Ball beziehen als auch innerhalb des Urteils auf die Eigenschaftsbezeichnung (das ‚Prädikat') ‚ist rot'. Hierzu muss man sich klar machen, dass **Begriffe** für Kant *Allgemein*vorstellungen sind. Der Begriff ‚Ball' ist also eine nicht auf einen konkreten Ball bezogene Vorstellung. Sondern eine Vorstellung, welche die allgemeinen Merkmale enthält, die alle konkreten Bälle dadurch als Bälle identifizieren, dass sie ebendiese Merkmale ebenfalls enthalten. Also in etwa die Kugelform oder die Beweglichkeit im Raum oder die Möglichkeit, mit ihnen zu spielen. Die konkrete Vorstellung eines bestimmten Balles ist die empirische Anschauung, die sich unmittelbar auf den Gegenstand bezieht und einzeln ist. Der Allgemeinbegriff hingegen ist mittelbar. Er bezieht sich „vermittelst eines Merkmals, was mehreren Dingen gemein sein kann" (KrV, B 377) auf die konkrete Vorstellung. Wir sehen also in der Wahrnehmung unmittelbar dieses einzelne rote unbestimmte Etwas vor uns, das wir durch den Allgemeinbegriff, d. h. durch Merkmale, die für alle Bälle gelten, *als Ball* identifizieren können. Damit wir, was wir vor uns sehen, überhaupt als das, was es ist, etwa einen Ball, verstehen können, bedarf es bereits eines allgemeinen begrifflichen Wissens – beispielsweise darüber, was Bälle sind. Kant fasst zusammen:

> *Der Verstand [kann] überhaupt als ein Vermögen zu urtheilen vorgestellt werden [...] Denn er ist [...] ein Vermögen zu denken. Denken ist das Erkenntniß durch Begriffe. Begriffe beziehen sich aber, als Prädicate möglicher Urtheile, auf irgendeine Vorstellung von einem noch unbestimmten Gegenstande.* (KrV, B 94)

Die metaphysische Deduktion der Kategorien

Kant geht den Weg der Auffindung letzter Begriffe des Verstandes von der Seite der Urteile her an. Wenn Begriffe Bestandteile von Urteilen sind, dann müssen die gesuchten allgemeinsten Begriffe Bestandteile derjenigen Urteilsstrukturen sein, welche in allen Urteilen enthalten sind. Dies sind aber die logischen Formen der Urteile. Demnach braucht man diese Urteile gar nicht mehr aufzusuchen, denn sie sind bereits dargestellt: in der formalen Urteilslogik als einer seit Jahrhunderten feststehenden Disziplin.

Nach dieser traditionellen Logik gibt es 12 Grundformen von Urteilen, welche sich in vier Gruppen einteilen lassen:

1) die Gruppe der quantitativen Urteile, die allgemeine, besondere oder einzelne Urteile enthält. Diese beziehen sich entweder auf eine Allheit und lauten z. B. ‚*alle* Menschen sind sterblich', oder auf einen bestimmten Bereich (‚*manche* Menschen haben blaue Augen') oder auf einen einzelnen Gegenstand, z. B. ‚*Kurt* ist jung';
2) die Gruppe der qualitativen Urteile, die bejahende, verneinende und unendliche Urteile enthält. Diese sagen entweder aus, dass etwas *so* ist, oder *nicht* so ist, oder *nicht-so* ist. Z. B.: Kurt *ist jung* – Hans *ist kein Pferd* – Klaus *ist Nichtschwimmer*. Die Unterscheidung der letzten beiden Klassen liegt darin, dass das verneinende Urteil auch der Form nach verneinend ist, das unendliche (oder ‚limitative') lediglich dem Inhalt nach;
3) die Gruppe der relationalen Urteile, die kategorische, hypothetische oder disjunktive Urteile enthält. Diese decken die logischen Beziehungen entweder zwischen Begriffen (‚Der Baum ist grün') oder zwischen Urteilen ab, die wiederum in Folge- oder Alternativbeziehungen stehen können. Z. B. ist „wenn es regnet, wird die Straße nass" ein hypothetisches (= bedingtes) Urteil als eine Folgebeziehung

zwischen den Urteilen „es regnet" (als Bedingung) und „die Straße ist nass" (als Folge). Das Urteil „Die Welt ist entweder durch einen blinden Zufall da, oder durch innre Nothwendigkeit, oder durch eine äußere Ursache" (KrV, B 99) ist Kants eigenes Beispiel für ein disjunktives Urteil, bei welchem mehrere Urteile in eine Alternativbeziehung gesetzt werden;

4) die Gruppe der Modalurteile, die problematische, assertorische und apodiktische Urteile enthält. Diese besagen, dass etwas möglich, wirklich, oder notwendig ist: „es *kann sein*, dass der Präsident lügt" – „die Kinder spielen" (*tatsächlich*) – „Autos *müssen* einen Antrieb haben".

Insofern jedes Urteil an jeder dieser vier Gruppen partizipiert und darin je eine der drei Formen annimmt, müssen diejenigen Begriffe, welche das Ordnungsprinzip dieser Urteile darstellen, die gesuchten Grundprinzipien oder Kategorien des reinen Verstandes sein.

Kant selbst stellt die Kategorien tabellenartig in einer Tafel dar:

1.	Der Quantität	Einheit, Vielheit, Allheit
2.	Der Qualität	Realität, Negation, Limitation
3.	Der Relation	der Inhärenz und Subsistenz (substantia und accidenz), der Kausalität und Dependenz (Ursache und Wirkung), der Gemeinschaft (Wechselwirkung zwischen Handelndem und Leidendem)
4.	Der Modalität	Möglichkeit – Unmöglichkeit, Dasein – Nichtsein, Notwendigkeit – Zufälligkeit

Tabelle 4: Tafel der Kategorien (KrV, B 106)

So gehört in etwa die Vorstellung von Quantität (Größe) überhaupt zu jedem Urteil, da jedes Urteil notwendig über ein Einzelnes, über Vieles oder über eine Allheit geht. Demnach muss der Verstand einen Begriff, d. h. eine Allgemeinvorstellung von Quantität in den drei Gestalten der Einheit, Vielheit und Allheit von vornherein enthalten, da jedes Urteil seiner logischen Form nach und damit jedes Denken überhaupt ein Denken über eine Quantität ist.

Das heißt aber: wegen seiner allumfassenden Allgemeinheit in dem Sinne, dass jedes auch nur mögliche Denken den Begriff der Quantität gebrauchen muss, kann dieser Begriff nicht a posteriori der Sinnlichkeit entnommen sein, sondern er muss a priori im Verstand selbst als dessen Stammbegriff enthalten sein. Damit wäre ein systematischer Nachweis, dass der Verstand solche letzten Stammbegriffe besitzt und welche diese sind, erbracht. Die entscheidende Frage ist nun, ob der Verstand diese auch berechtigt auf die Sinnlichkeit anwenden darf, oder ob er nicht etwa sich selbst täuscht, wenn er die Begriffe, mit welchen er notwendig operieren muss, auch auf Erscheinungen außerhalb seiner selbst anwendet. Haben die Kategorien objektive Gültigkeit oder geht der Verstand in ihrem Gebrauch leer und wird somit Opfer seiner eigenen Funktionen? Das Unternehmen einer *Rechtfertigung* der Anwendung der Kategorien auf Objekte jeglicher Art nennt Kant: **transzendentale Deduktion** der reinen Verstandesbegriffe (Kategorien). Sie ist keine logische Deduktion im Sinne einer Ableitung, sondern „die Erklärung der Art, wie sich Begriffe a priori auf Gegenstände beziehen können" (KrV, B 117).

Die transzendentale Deduktion der Kategorien

Die Beweislast, welche sich Kant mit diesem Unternehmen aufbürdet, ist enorm. Kant selbst nannte sie „das Schwerste, das jemals zum Behuf der Metaphysik unternommen werden konnte" (Prol., iv 260).

Man kann sich die Schwierigkeiten an einer einfachen Erwägung klarmachen: Es geht ja darum, zu zeigen, dass sich diejenigen Grundbegriffe des Denkens, innerhalb derer sich nach metaphysischer Deduktion alles Denken bewegen muss, berechtigterweise auf Gegenstände außerhalb dieses Denkens beziehen. Nun haben aber nach Voraussetzung erstens diese Begriffe eine nicht ablegbare Funktion in allem Denken. Denken ist nach der behaupteten Voraussetzung ohne sie nicht möglich. Das heißt aber, der mögliche Weg, im Gedankenexperiment zu prüfen, wie es wäre, wenn die Kategorien nicht diese Funktion hätten, ist nicht möglich. Wir müssten dann denken, wie Nicht-Denken wäre. Und zweitens haben nach Voraussetzung Begriffe in sich einen Gegenstandsbezug, d.h. einen Bezug auf einen eben begrifflich noch *unbestimmten* Gegenstand, den sie im konkreten Fall bezeichnen. Begriffe handeln *von etwas*. Das heißt, sie haben einen semantischen Gehalt, sonst wären sie keine Begriffe. Es ist also gleichfalls nicht möglich, zur Prüfung der Anwendungsberechtigung der Kategorien alternativ zu denken, wie es wäre, wenn diese Begriffe nur als rein logische Funktionen in sich blieben. Die Frage ist nicht, ob sich diese Begriffe auf etwas beziehen, sondern ob sie dies berechtigterweise tun. Die Aufgabe lautet also: Funktionen des Denkens zu rechtfertigen, aus denen dieses Denken überhaupt nicht heraus kann.

Kant hat diese Aufgabe gleich zwei Mal zu bewältigen versucht, indem er das entsprechende Kapitel der Kategoriendeduktion für die zweite Auflage (B) der *Kritik der reinen Vernunft* vollständig neu verfasst hat. Auf Grundzüge dieser zweiten Version, der sogenannten B-Deduktion, wird sich die nachfolgende Darstellung beschränken.

Kants Grundidee der Deduktion liegt darin, die Frage nach der möglichen objektbezogenen Gültigkeit der Kategorien als die abstrakte Frage zu interpretieren, wie *Einheit* und *Vielheit* aufeinander bezogen und miteinander verbunden sein können. Das heißt, wie Einheit in der Vielheit sein bzw. Vielheit aus der Einheit entspringen kann. Diese Frage ist geschickt gewählt. Denn es hatten sich in der transzendentalen Erörterung von Raum und Zeit schon Elemente von Einheit und Vielheit in den Anschauungsformen gefunden. Kant zeigt nun, dass sich solche Elemente auch in den Urteilen selbst finden und dass zuletzt Bewusstsein überhaupt, in welchem sich die auf die Sinnlichkeit bezogenen Urteile finden müssen, selbst solche Einheitsstrukturen enthält. Wenn demnach gezeigt werden kann, dass Bewusstsein überhaupt nicht anders sein kann als eine Einheit, in welcher sich nachgewiesene Einheitsfunktionen der Sinnlichkeit und des Verstandes verbinden, dann ist, so die Beweisidee, der Nachweis erbracht, dass die Einheitsfunktion des Verstandes auch notwendig auf die Sinnlichkeit bezogen ist.

Betrachten wir der Reihe nach die Einheit 1. der Sinnlichkeit, 2. des Verstandes und 3. des Bewusstseins.

1) Die Sinnlichkeit enthält in den reinen Anschauungen eines Auseinanders der Gegenstände im Raum und ihres Nacheinanders in der Zeit Vielfalt. „Raum und Zeit enthalten […] ein Mannigfaltiges der reinen Anschauung a priori“ (KrV, B 102). Es wäre kein Raum, bestünde er nur aus einem einzigen Hier-Punkt; der Raum hat viele Orte und ist doch nur einer. Auch die Zeit kann nicht aus einem einzigen Zeitpunkt bestehen; ihr Wesen ist die Sukzession vieler Zeitpunkte.
2) Der Verstand auf der anderen Seite ist diskursiv; d.h. er operiert durch Begriffe in Urteilen. Nun sind aber sowohl Urteile als auch die Aufeinanderbeziehung von Begriffen sowie diese Begriffe selbst einheitstiftend. Das Urteil ‚Die Tasse steht auf dem Tisch‘ bezieht Tasse und Tisch aus der Vielheit ihrer verschiedenen Orte in die Einheit der Relation ihres Übereinanderstehens. In Begriffen werden ja „verschiedene Vorstellungen unter einer gemeinschaftlichen“ (KrV, B 93)

geordnet. Etwa die Vorstellungen verschiedener Katzen unter der abstrakteren Vorstellung von ‚Katze' überhaupt, welche alle Merkmale enthält, die für Katzen wesentlich sind. Dieses Zusammennehmen vieler Vorstellungen zu einer neuen Einheit nennt Kant: **Synthesis** (= Verbindung). Darunter ist explizit „die Handlung, verschiedene Vorstellungen zu einander hinzuzuthun, und ihre Mannigfaltigkeit in *einer* Erkenntniß zu begreifen" (KrV, B 103), zu verstehen. Sie ist dasjenige, das „die Elemente zu Erkenntnissen sammlet, und zu einem gewissen Inhalte vereinigt" (ebd.).

Damit hat das Unternehmen der Deduktion nähere Konturen gewonnen: Nun gilt es zu zeigen, dass und wie die Einheitsstiftung des Verstandes in Begriffen auf die Vielfalt des Anschaulichen bezogen sein kann. Diesen Beweis führt Kant darüber, dass er zeigt, dass jeglicher Art von Vorstellungen Einheitsstiftung schon zugrunde liegt: Denn *alle* Vorstellungen sind je in *einem* Bewusstsein.

3) Das Bewusstsein selbst ist gleich doppelt einheitlich. Es ist (a) eine Einheit des Zusammengehörens von Vorstellungen. Hätten verschiedene Vorstellungen nichts gemeinschaftliches, dann wäre es unmöglich, dass sie in *einem* Urteil verbunden werden könnten; würden sie völlig disparat gleichsam lose umherflattern, so könnten sie nicht aufeinander bezogen werden. (b) ist Bewusstsein jeweils das Bewusstsein *eines* Subjekts; und alle Vorstellungen und alle Gehalte dieses Bewusstseins können dem Subjekt als *seine* zugeordnet werden. Zu allen Vorstellungen gehört demnach die Selbstbezüglichkeit, die darin besteht, dass sie die Vorstellungen desjenigen sind, der sie hat und dass dieser zugleich sich auch dessen bewusst sein kann.

Es gibt also keine Vorstellungen ohne jemanden, dessen Vorstellungen sie sind und dem dies auch bewusst ist (b). Und keine Vorstellungen ohne ein Bewusstsein, dem viele von ihnen gemeinsam zugehören können (a). Genau darin sieht Kant den höchsten Grund der Einheit des Selbstbewusstseins, welches er als **Apperzeption** bezeichnet. Seine berühmte Formulierung lautet:

> *Das: Ich denke, muß alle meine Vorstellungen begleiten können.* (KrV, B 131)

Damit ist eine Einheitsnotwendigkeit auf der subjektiven Seite des Ich und auf der Seite der Vorstellungen als zu einem gemeinsamen Bewusstsein gehörend gezeigt. Die Einheit des Selbstbewusstseins erweist sich so als der zentrale Dreh- und Angelpunkt, an welchem die gesamte theoretische Philosophie Kants zusammenläuft; als Bedingung der Möglichkeit synthetisch-priorischer Erkenntnisse kann sie transzendentale Apperzeption heißen. Sie ist „der höchste Punkt, an dem man allen Verstandesgebrauch, selbst die ganze Logik, und, nach ihr die Transcendental-Philosophie heften muß, ja dieses Vermögen ist der Verstand selbst“ (KrV, B 133 Fn).

Der weitere Beweisschritt, der den Gedanken abschließt, liegt auf der Hand: Die Punkte (a) und (b) bedingen sich gegenseitig. Es gibt nur deswegen eine Einheit des Bewusstseins, *weil* es ursprüngliches *Selbst*bewusstsein ist. Würde es Vorstellungen geben, welche nicht vom ‚Ich denke‘ begleitet sein könnten, welche von ihrer Art her sich keinem Subjekt als dessen Vorstellungen zuordnen ließen, dann wären diese Vorstellungen auch nicht Teil eines Bewusstseins, dessen andere Vorstellungen der Ich-denke-Begleitung zugänglich wären. Ohne Erfüllung der Ich-denke-Begleitung würde Bewusstsein auseinanderfallen.

Das ‚Ich denke‘ ist also die fundamentale Struktur der Selbstbezüglichkeit des Bewusstseins. Sie ist kein Gedanke eines individuellen Ich, das gewissermaßen vor sich selbst „ich denke“ formulierte. Damit jemand „ich denke“ denken kann, muss die logische Möglichkeit der Ich-denke-Begleitung seiner Vorstellungen als Bedingung von Bewusstsein überhaupt bereits gegeben sein. Denn jede individuelle Einheit eines Bewusstseins durch die Selbstzuschreibung von Vorstellungen ist nur auf der Basis der Möglichkeit von Bewusstseinseinheit überhaupt möglich. Das ‚Ich denke‘ ist demnach „in allem Bewußtsein ein und dasselbe“ (KrV, B 132).

Kant fasst zusammen:

> *Die mannigfaltigen Vorstellungen, die in einer gewissen Anschauung gegeben werden, würden nicht insgesammt meine Vorstellungen sein, wenn sie nicht insgesammt zu einem Selbstbewußtsein gehörten, d. i. als meine Vorstellungen […] müssen sie doch der Bedingung nothwendig gemäß sein, unter der sie allein in einem allgemeinen Selbstbewußtsein zusammenstehen können, weil sie sonst nicht durchgängig mir angehören würden.* (KrV, B 132)

Damit hat das Unternehmen der transzendentalen Deduktion ein wichtiges Ziel erreicht, das Kant jedoch noch nicht genügt. Zwar hat sich zeigen lassen, dass es ursprüngliche Einheitsfunktionen geben muss und auch, dass diese sich auf die Anschauungsseite beziehen, indem sie für Einheit in deren Vielgestalt sorgen, aber es ist noch lange nicht gezeigt, dass gerade die Kategorien solche Funktionen sind und dass, sollte sich dies zeigen lassen, der Gegenstandsbezug der Kategorien auch für unsere sinnlichen Anschauungen und deren Gegenstände, sprich für die wirkliche Welt vor unseren Augen gilt. Denn eben um deren Erkenntnis ist es uns zu tun.

Wie also hängt der gesuchte Gegenstandsbezug der Kategorien mit der gefundenen Einheit des Selbstbewusstseins als der des Verstandes zusammen? Die Einheit der Apperzeption hatte zwei Seiten: die subjektive des ‚Ich denke' und die Einheit der Anschauungen. Beides findet sich in den Elementarfunktionen des Verstandes selbst, den Urteilen wieder. Denn diese sind zum einen selbst „Functionen der Einheit unter unseren Vorstellungen" (KrV, B 94), nämlich der Einheit verschiedener begrifflicher oder direkt anschaulicher Vorstellungen in dem Urteil, dass etwas so und so *ist*. Und Urteile beziehen nicht nur Vorstellungen aufeinander, sondern bestehen auch „in der bestimmten Beziehung gegebener Vorstellungen auf ein Object" (KrV, B 137), nämlich dasjenige Objekt, von dem sie sagen, dass es so und so ist. Im Beispiel des Urteils „Der Ball ist rot" werden 1. die Allgemeinvorstellungen von Bällen und die Farbe Rot aufeinander bezogen und dann 2. diese Allgemeinvorstellung von *einem* roten Ball auf *den* roten Ball, um den es geht, bezogen. Damit sind im Urteil Einheitsstiftung und Objektbeziehung auf der Basis der übergeordneten Einheit eines auf Anschauungen bezogenen Verstandes gegeben. Da aber Urteile allesamt auf den Kategorien als ihren logischen Einheitsfunktionen beruhen, kann Kant folgern: „Also steht […] das Mannigfaltige in einer gegebenen Anschauung nothwendig unter Kategorien" (KrV, B 143).

Damit ist das Beweisziel erreicht. Unsere Sinnlichkeit enthält in sich bereits ein apriorisches Einheitsmoment: Raum und Zeit sind nicht nur Anschauungsformen, sondern selbst reine Anschauungen und führen dadurch ein Moment der Einheit mit sich. Denn, wie Kant erläutert, ist die reine Anschauung „eine anschauliche Vorstellung, […] die […] Einheit der Vorstellung giebt" (KrV, B 160 Fn), weil sie als Form der Anschauung für *alle* anschaulichen Vorstellungen gilt. Der reine Raum etwa ist nur *eine* singuläre Vorstellung, die aber zugleich Bedingung für alle räumlichen Vorstellungen ist. Jeder, der durch Abstraktion von allen räumlichen Gegenständen den reinen Raum anschaut, hat *denselben* identischen Raum vor sich. Und dieser ist die Bedingung der unendlichen Vielfalt an Möglichkeiten räumlicher Dinge und Verhältnisse in ihm und der unendlichen Vielfalt an sinnlichen Anschauungen von diesen. Wo eine bestimmte Anschauung, etwa des roten Balles gegeben ist, muss eine vielfache, sich wechselseitig durchdringende Einheit vorliegen: Die der Anschauung, sonst könnte es nicht ein unbestimmtes rotes Etwas an jener Stelle des Raumes geben; die der Apperzeption, sonst könnte es nicht verschiedene Weisen der Anschauung desselben Balles (etwa von verschiedenen Seiten oder an verschiedenen Raumstellen) in *einem* Bewusstsein geben und es gäbe kein Bewusstsein davon, dass je *ich* als derselbe diese Vorstellungen habe. Und zuletzt die Einheit des Urteils, denn sonst könnte es keine Bestimmung dieses roten Etwas als eines roten Balls geben. Also kann Kant schließen:

> *Diese synthetische Einheit aber kann keine andere sein, als die der Verbindung des Mannigfaltigen einer gegebenen Anschauung überhaupt in einem ursprünglichen Bewußtsein, den Kategorien gemäß, nur auf unsere sinnliche Anschauung angewandt.* (KrV, B 161)

Damit ist die Rechtfertigung einer Anwendung von Begriffen, welche der Verstand selbst erzeugt, auf etwas, das er nicht ist, nämlich unsere Sinnlichkeit, erbracht.

Analytik der Grundsätze

Im ersten Buch der „Transzendentalen Analytik“, der „Analytik der *Begriffe*“, hat Kant also innerhalb der transzendentalen Deduktion der reinen Verstandesbegriffe gezeigt, *dass* die Kategorien auf Erscheinungen angewandt werden dürfen. Die Aufgabe des zweiten Buches der „Transzendentalen Logik“, die „Analytik der *Grundsätze*“, ist es, zu zeigen, *wie* dies geschieht. Die **Grundsätze** sind demnach „Regeln des objectiven Gebrauchs“ (KrV, B 200) der Kategorien, d. h., die Kategorien müssen nach ihrer Art angemessen angewandt werden.

Dass überhaupt der Analytik der Begriffe eine Analytik der Grundsätze folgt, wird aus Kants urteilsanalytischer Methode unmittelbar verständlich: Denn die Grund*sätze* des Verstandes sind *Urteile* über die sinnliche Welt, welche logisch wiederum aus Begriffen bestehen. Kant kehrt damit auf verständliche Weise den Weg, den er zur Auffindung der Kategorien gegangen war, um. Aus der logischen Form der Urteile hatte er dort die Kategorien als logische Formen des Denkens entnommen. Nach der Rechtfertigung, dass diese als Funktionen des Denkens auch auf Anschauungen bezogen werden dürfen, gilt es nun zu zeigen, wie diese wiederum in anwendungsbezogene (nämlich auf unsere Sinnlichkeit bezogene) Urteile eingehen. Insofern die transzendentale Deduktion erwiesen hatte, dass überhaupt die Kategorien, als reine Verstandesbegriffe, auf Sinnliches angewandt werden dürfen, soll das Grundsatzkapitel die gesuchten apriorischen Urteile über die Welt rechtfertigen. Dies erfordert für Kant zwei Schritte: Erstens zu zeigen, wie die Kategorien überhaupt auf die Sinnlichkeit bezogen werden (und nicht nur, dass sie bezogen werden dürfen), und zweitens zu zeigen, wie sie dies *innerhalb von Urteilen* tun. Den ersten Schritt vollzieht Kant in dem Kapitel „Von dem Schematismus der reinen Verstandesbegriffe", den zweiten in den anschließenden Einzelerörterungen der Verstandesgrundsätze.

Der Schematismus

Der erste Schritt ist also zu zeigen, nicht nur dass, sondern auch wie Begriffe auf die Sinnlichkeit angewandt werden können. Dies ist für Kant nur dadurch möglich, dass es etwas gibt, das zwischen dem Sinnlichen der Anschauungen und dem Diskursiven der Begriffe vermittelt: er nennt dies das **transzendentale Schema**, ein Versinnlichungsverfahren für Verstandesbegriffe mittels der *Phantasie*. Das transzendentale Schema ist „die Vorstellung [...] von einem allgemeinen Verfahren der Einbildungskraft, einem Begriff sein Bild zu verschaffen" (KrV, B 179 f.).

Mit der **Einbildungskraft**, Kants etwas veraltetem Ausdruck für „Phantasie", bringt Kant nach Sinnlichkeit und Verstand eine dritte Grundfunktion des Bewusstseins ins Spiel. Sie ist „das Vermögen, einen Gegenstand auch ohne dessen Gegenwart in der Anschauung vorzustellen" (KrV, B 151), im Gegensatz zur Wahrnehmung, welche nur gegenwärtige Gegenstände darstellt. Auf subjektiver Seite ist die Einbildungskraft dasjenige, das zwischen Sinnlichkeit und Verstand vermittelt. Dies kann sie nur, indem sie an beiden Seiten Teil hat. Sie ist sinnlich, insofern sie Anschauungen gibt. Und sie ist intellektuell, sofern sie selbst ein aktives Vermögen der Einheitsbildung, und nicht bloß passiv der Rezeptivität ist. Wer einen goldenen Berg phantasiert, stellt aktiv eine anschauliche Einheit zwischen Gold und Berg her (im Vergleich zur Wahrnehmung, welche etwa passiv ein rotes rundes Etwas darbietet). Durch die Sinnlichkeit wird angeschaut, durch den Verstand gedacht und durch die Einbildungskraft schematisiert, d. h., das Gedachte auf das Anschauliche bezogen. Durch die Vermittlung zwischen Anschauung und Begriff soll das transzendentale Schema die konkrete Anwendungsbefähigung der Kategorien auf unsere sinnliche Anschauung garantieren. Es muss demnach „rein (ohne alles Empirische) und doch einerseits intellectuell, andererseits sinnlich sein“ (KrV, B 177).

Wie ist dies zu verstehen? Das transzendentale Schema soll einem Begriff sein Bild verschaffen. Nun ist auf der Seite der Sinnlichkeit „das reine Bild [...] *aller Gegenstände der Sinne* die Zeit“ (KrV, B 182), weil die Zeit ihre formale Bedingung und zugleich als reine Anschauung selbst eine Vorstellung ist; demnach ist umgekehrt die formale Bedingung aller sinnlichen Gegenstände anschaulich, d. h.: ihr Bild.

Auf der Seite des Verstandes können die Schemata die Verzeitlichung von Begriffen leisten, indem sie die Einheit des Begriffes in der Vielheit des Nacheinanders der Zeit darstellen. Das reine Schema der Kategorie der Quantität etwa ist die Zahl. Denn, so Kants Erläuterung, sie ist „eine Vorstellung [...], die die successive Addition von Einem zu Einem (gleichartigem) zusammenbefaßt [= synthetisiert]. Also ist die Zahl nichts anders, als die Einheit der Synthesis des Mannigfaltigen einer gleichartigen Anschauung überhaupt“ (KrV, B 182). Das heißt, dass der Begriff einer Vielheit nur deswegen auf eine tatsächliche Menge von Dingen angewandt werden kann, weil der Zahl, welche diese Menge bestimmt, als einer Einheit von Vielem, das Verfahren des Zählens als Einheitsstiftung im Nacheinander der Zeit zugeordnet werden kann. Es würde keine Möglichkeit geben, etwa die Zahl 10 auf die wirkliche Welt der Erscheinungen anzuwenden, könnten nicht in dieser gleichartige Dinge durchgezählt werden. Damit ist am Beispiel der Quantität gezeigt, wie diese Kategorie durch ihr Schema auf die Sinnlichkeit bezogen wird. Verallgemeinert ließe sich sagen: die Schemata geben sowohl der Einheit des Begriffes zeitliche Vielheit, indem sie angeben, wie dessen Darstellung in der Zeit durchgeführt werden kann, als auch der Vielheit der Anschauungen zeitliche Einheit. Also vermögen die Schemata als Verzeitlichungsverfahren der Kategorien diese auf Anschauungen zu beziehen.

Die Verstandesgrundsätze

Halten wir fest: die Vorerörterungen haben die Idee geliefert, dass synthetische Urteile a priori möglich seien, wenn sich sowohl im Verstand als auch auf der Seite der Sinnlichkeit apriorische Elemente finden und diese aufeinander bezogen sind. Für die Sinnlichkeit haben sich Raum und Zeit als solche Elemente nachweisen lassen, für die Seite des Verstandes die Kategorien. Die transzendentale Deduktion hat gezeigt, dass diese aufeinander bezogen sind, das Schematismus-Kapitel, wie dieser Bezug möglich ist. Auf die ursprüngliche Aufgabe rückbezogen, gilt es nun zu zeigen, wie sich dies in Urteilen, die eben von der gesuchten synthetisch-apriorischen Art sind, darstellt. Dies sind die Grundsätze des Verstandes.

Kant gliedert analog zu den Kategoriengruppen die Verstandesgrundsätze als die in Urteilen angewandten Kategorien in vier Gruppen:

- Axiome der Anschauung – entsprechend den Quantitätskategorien
- Antizipationen der Wahrnehmung – entsprechend den Qualitätskategorien
- Analogien der Erfahrung – entsprechend den Relationskategorien und
- Postulate des empirischen Denkens überhaupt – entsprechend den Modalitätskategorien.

Die darin genannten Anwendungsbereiche der Verstandesgrundsätze (Anschauung – Wahrnehmung – Erfahrung – Empirisches Denken überhaupt) erweisen sich bei näherer Betrachtung als eine Stufenfolge zunehmend komplexen Wissens, das auf der je vorhergehenden Stufe aufbaut.

Mit ‚Anschauung' im ersten Grundsatz ist die *reine* Anschauung von Raum und Zeit mit den in ihr anschaulichen mathematischen Größen gemeint. Denn *empirische* Anschauung ist ja Wahrnehmung, worauf sich die „Antizipationen der Wahrnehmung" beziehen; ihr korrespondieren reale Gegenstände (Erscheinungen) in Raum und Zeit. In der *Erfahrung* wiederum werden Wahrnehmungen miteinander verknüpft (KrV, B 161), d. h., zu einer neuen Einheit (KrV, B 251) gebracht. Das *empirische Denken überhaupt* kennzeichnet zuletzt den Status der sich auf Erfahrung beziehenden Urteile als möglich, wirklich oder notwendig.

Die vier Grundsätze unterteilt Kant in zwei Klassen: Die Grundsätze der Qualität und Quantität sind *mathematisch*, die der Relation und Modalität *dynamisch* (KrV, B 199). Denn in Anschauung und Wahrnehmung werden unmittelbar diejenigen sinnlichen Gegenstände gegeben, die dann auf den zwei höheren Stufen zu begrifflichen Erkenntnissen bestimmter Art und Modalität ‚verarbeitet' werden. Dabei sind natürlich auch Anschauungen und Wahrnehmungen bereits begrifflich zugänglich. Eben dies hatten ja Deduktion und Schematismus gezeigt – ohne auf sie bezogene Begriffe wären auch die Anschauungen ‚blind'. Hinsichtlich ihrer allerdings gelten die Verstandesgrundsätze unmittelbar: Gemäß dem Grundsatz für Anschauungen sind „alle Anschauungen [...] extensive Größen“ (KrV, B 201). Anschauungen als Objekte haben eine Größe und werden daher mittels dieses Begriffes notwendig gedacht, weil sie ohne Größe als raum-zeitliche Objekte gar nicht sein könnten. Dass es nichts Größenloses in Raum und Zeit gibt, ist deshalb ein *Axiom* (= eine Letztfestlegung). Alle konkreten inhaltlichen Bestimmungen müssen daher konkret eine Größe enthalten. Wahrnehmungen haben zudem eine „intensive Größe, d. i. einen Grad“ (KrV, B 207), der auf der subjektiven Seite die Empfindungsintensität und auf der Gegenstandsseite die Sachhaltigkeit der Erscheinung bezeichnet, die dieser Empfindungsintensität korrespondiert. Im Beispiel des roten Balles müssen sich die Intensität und Art unserer Rotempfindung und seine Röte auf irgendeine Weise entsprechen. In jedem Fall muss dieser Grad größer Null sein, weil die Wahrnehmungsobjekte sonst überhaupt aufhören würden, Erscheinungen zu sein. Nähmen wir Farben, Töne, Gerüche usw. aus den Erscheinungen weg, dann hätten wir auch keine dementsprechenden Farb-, Ton- oder Geruchsempfindungen, und umgekehrt: ohne die Empfindungen hätten die Dinge keine entsprechenden Eigenschaften. Es herrschte dann, wie Kant anschaulich macht, auf der subjektiven Seite „psychologische Dunkelheit“ (Prol., iv 307), der natürlich auf der Objektseite keine Erscheinung entspräche. Dieses Wissen ist eine *Antizipation* (= Vorwegnahme); das heißt, wir brauchen keine konkreten Erfahrungen zu haben, um zu wissen, dass Erscheinungen immer eine Intensität haben. *Mathematisch* nennt Kant diese beiden Grundsätze deshalb, weil jene beiden (extensiven und intensiven) notwendigen Größen in den Erscheinungen „die Mathematik auf Erscheinungen anzuwenden berechtigten“ (KrV, B 221) und die Mathematik sich a priori konstruieren lässt, da sie ja eine apriorische Lehre von den Größen ist. Das heißt, wenn nachgewiesen ist, dass 1. synthetisch-apriorische Urteile wie das über die Summe der Innenwinkel im Dreieck gültig sind und 2. die Mathematik mitsamt diesen Urteilen auf die reale sinnliche Welt bezogen werden darf, dann gilt der synthetisch-apriorische Satz über die Innenwinkel im Dreieck nicht nur für das Dreieck in der reinen Anschauung oder im Geometrielehrbuch, sondern für alle Dreiecksflächen zwischen beliebigen drei Punkten der sinnlichen Erscheinungswelt; also für drei Sterne am Himmel und drei Erbsen auf dem Teller gleichermaßen. Hierin lag ja nicht weniger als die Begründung der Anwendbarkeit einer mathematisch verfahrenden Physik auf die Erscheinungen (vgl. Kapitel 2).

Im Unterschied zu den dynamischen Grundsätzen besitzen Erscheinungen mit Grad und Größe notwendige Eigenschaften, welche den

Kategorien der Qualität und Quantität korrespondieren. In diesem Sinne bezeichnet Kant die mathematischen Grundsätze als *konstitutiv*: Weil ohne Größe und Grad keine Anschauungen und Wahrnehmungen sein können, haben die kategorialen Begriffe objektive Geltung für sie; es kann sich a priori zeigen (konstruieren) lassen, wie Erscheinungen durch die Gehalte dieser Begriffe aufgebaut sind. Diese sind demnach intuitiv gewiss (KrV, B 201). Die Seite der Sinnlichkeit ist hier den Verstandesbegriffen notwendig gemäß – und eben dies behaupten die mathematischen Grundsätze.

Wie aber sieht dies für die dynamischen Grundsätze aus? Sie besagen als *Analogien der Erfahrung* der Relationskategorie entsprechend, dass „Erfahrung nur durch die Vorstellung einer nothwendigen Verknüpfung der Wahrnehmungen möglich" (KrV, B 218) ist. Da sie sich nicht auf einzelne Wahrnehmungen (wie die Antizipationen), sondern auf eine Vielzahl von Wahrnehmungen, welche nur im Nacheinander der Zeit möglich ist, beziehen, sind sie ‚dynamisch'. Der Grundsatz besagt also, dass nur dann, wenn Wahrnehmungen begrifflich als notwendig, das heißt z. B. als in gesetzlichen Zusammenhängen stehend, gedacht werden, wir Erfahrung von ihren Gegenständen, den Erscheinungen haben können. Demnach ist die Gewissheit dieser Analogie auch keine intuitive, sondern eine diskursive, d. h. begriffliche. Diese notwendigen Zusammenhänge betreffen die Beharrlichkeit der Substanz, die Folge von Ursache und Wirkung und die Wechselwirkung des Zugleichseins.

Nehmen wir die erste Analogie der Erfahrung als Beispiel: „Bei allem Wechsel der Erscheinungen beharrt die Substanz" (KrV, B 224). Das heißt: würden wir die Veränderung einer Erscheinung vor unseren Augen nicht so denken, dass dort an einem Gegenstand sich eine Eigenschaft änderte, sondern jede Veränderung als das Auftreten eines immer neuen Gegenstandes auffassen, könnten wir kein Wissen von der Welt haben. Denn wir würden gar nicht sagen können, dass *etwas* sich veränderte. Dazu setzen wir gedanklich bereits voraus, dass etwas, die ‚Substanz' genannt, als dasjenige, das sich verändert, doch gleich bleiben (beharren) muss. Wenn ein Auto vor uns vorüberfährt, denken wir, dass *dasselbe* Auto je seinen Ort wechselt und nicht, dass es an jedem Ort ein anderes sei. Die Welt würde uns in Gedanken entgleiten, nähmen wir nicht an, dass ein Selbes anders sein, das heißt, seine Eigenschaft ändern kann. Dies wiederum ist nur möglich durch die Substanzkategorie, die in der Kategoriendeduktion erwiesene Möglichkeit, dass Einheit in der Vielheit sein kann und die im Schematismuskapitel vorgeführte Art, wie dies in der Zeit geschieht. Die erste Analogie der Erfahrung begründet also die Möglichkeit, Weltkenntnis zu erlangen durch die Notwendigkeit, etwas im Wechsel von Erscheinungen als beharrlich zu denken.

Generell ist **Erfahrung** der „Inbegriff aller Erkenntniß" (KrV, B 296) der Erscheinungen; demnach Kants Ausdruck für alles Wissen über die empirische Welt überhaupt. Als „Erkenntniß durch verknüpfte Wahrnehmungen" (KrV, B 161) geht Erfahrung immer über den Gehalt von je einzelnen Wahrnehmungen hinaus. Umgekehrt heißt dies: Es änderte sich am sinnlichen (visuellen, auditiven usw.) Gehalt der Erscheinungen überhaupt nichts, würde man die Erfahrungsgrundsätze außer Kraft setzen. Was sich änderte, wäre schlicht, dass uns dann keine Möglichkeit mehr gegeben wäre, die Erscheinungen im Zusammenhang zu verstehen. Die Analogien der Erfahrung sind also Regeln „nicht [dafür,] wie Wahrnehmung selbst, als empirische Anschauung überhaupt" entsteht, sondern dafür, wie „aus Wahrnehmungen Einheit der Erfahrung [...] entspringen soll" (KrV, B 222). Und eben dies ist der Unterschied zwischen den mathematischen und den dynamischen Grundsätzen. Für jene gilt: wären sie nicht wahr, gäbe es die Dinge nicht, von denen sie handeln. Sie konstituieren demnach in einem logischen Sinn dasjenige, auf das sie sich beziehen und gelten deswegen auch „unbedingt nothwendig, d.i. apodiktisch" (KrV, B 199). Die dynamischen Grundsätze tun dies nicht. Sondern sie erzeugen etwas Neues, nämlich Erfahrung als die in einem Zusammenhang gedachte Erscheinungswelt.

Dadurch dass die Erscheinung im Erfahrungsgegenstand als dessen sinnlicher Gehalt enthalten ist, geschieht allerdings keine Weltverdoppelung in eine Erscheinungswelt und eine eigenständige Erfahrungswelt. Sondern die Erscheinungen sind *dieselben* Gegenstände, die wir *als Gegenstände der Erfahrung* begrifflich denken. Viele Wahrnehmungen eines roten runden Etwas beispielsweise denken wir als denselben roten Ball.

Erfahrungserkenntnis beinhaltet synthetische Urteile a priori. Damit ist endgültig die Frage beantwortet, wie diese möglich seien, erst jetzt allerdings in der entscheidenden Hinsicht auf die sichtbare Welt. Der Weg hierher war denkbar lang: Erst durch die Beziehung der „formalen Bedingungen der Anschauung a priori, [der] Synthesis der Einbildungskraft, und [der] nothwendige[n] Einheit derselben in einer transcendentalen Apperception, auf ein mögliches Erfahrungserkenntniß" (KrV, B197), also erst im Durchlaufen des gesamten Programms der transzendentalen Ästhetik und Analytik, findet diese Grundfrage ihre Beantwortung.

Was diese Antwort beinhaltet, wird im folgenden Kapitel am Kausalgrundsatz als dem wichtigsten der Verstandesgrundsätze, vorgeführt werden. Auf seiner Basis erklären sich dann auch die „Postulate des empirischen Denkens überhaupt", welche die „Begriffe der Möglichkeit, Wirklichkeit und Nothwendigkeit in ihrem *empirischen* Gebrauche" (KrV, B 266) erläutern. Sie handeln also nicht nur von dem, was logisch möglich und notwendig ist, sondern von dem, das in der Welt ist, sein kann und sein muss.

Zentrale Stellen

KrV, B 89–B 169 (= Analytik der Begriffe (B)); KrV, A 95–130 (= transcendentale Deduktion (A)).

Literatur

Henry E. Allison, *Kant's Transcendental Idealism*. An Interpretation and defence. New Haven und London, 1983.

Dieter Henrich, *Identität und Objektivität*. Eine Untersuchung über Kants transzendentale Deduktion. Heidelberg, 1976.

Peter Rohs, *Transzendentale Logik*. Meisenheim, 1976.

4 Wie und weshalb gilt das Kausalgesetz?

Leitbegriffe

Allgemeines Kausalprinzip, Natur, empirische Kausalgesetze, Möglichkeit, Wirklichkeit, Notwendigkeit

Unser Wissen von der Welt besteht in der Einsicht von Ursache-Wirkungszusammenhängen. Kant zeigt, dass die Gültigkeit des allgemeinen Kausalprinzips die Bedingung dafür ist, dass wir uns überhaupt in einer gemeinschaftlichen Welt orientieren können, weil durch das Kausalprinzip unsere privaten Wahrnehmungen zur überindividuellen Erfahrung objektiviert werden.

Wenn wir nach den Problemen fragen, welche das Denken Kants in Atem gehalten und vorangetrieben haben, dann steht die Frage nach der Gültigkeit des Kausalgrundsatzes in der allerersten Reihe. Dieses Problem hat Kant nach eigener Auskunft überhaupt erst dazu gebracht, nach grundsätzlich neuen Wegen außerhalb von Rationalismus und Empirismus zu suchen: es gab „meinen Untersuchungen im Felde der speculativen Philosophie eine ganz andre Richtung" (Prol., v 260).

Das allgemeine Kausalprinzip

Dieses **allgemeine Kausalprinzip** besagt, dass nichts in der Welt ohne Ursache (lateinisch: „causa") geschehe und dass Ursachen und ihre Wirkungen regelhaft miteinander verbunden sind, so dass gilt: derselben Ursache folgt auch immer dieselbe Wirkung. Beide Elemente lassen sich in Faustformeln ausdrücken. Kein Ereignis ohne Ursache. Und: gleiche Ursache gleiche Wirkung. Beides ist in Kants Formulierung des allgemeinen Kausalprinzips enthalten: „Alles, was *geschieht* […], setzt etwas voraus, worauf es *nach einer Regel* folgt" (KrV, A 189). Eine Welt, in der die Ereignisse nach Art des allgemeinen Kausalprinzips zusammenhängen, heißt für Kant **Natur**. Natur ist der „Inbegriff der Erscheinungen, so fern diese vermöge eines inneren Princips der Causalität durchgängig zusammenhängen" (KrV, B 446 Anm.). Damit ist, was Kant ‚Natur' nennt, schon per Definition dem Kausalitätsprinzip unterworfen.

Das Kausalprinzip ist von universeller Bedeutung für das gesamte neuzeitliche Denken. Alle neuzeitliche Wissenschaft besteht darin, Zusammenhänge von Ursachen und Wirkungen in der Natur aufzudecken und die Art ihrer Beziehung zu erfassen. Nach dem Gravitationsgesetz etwa lässt sich angeben, dass die Masse von Mond und Erde die Ursache dafür ist, dass der Mond die Erde umkreist und dafür, dass er dies in einer bestimmten Zeit, in einer bestimmten Geschwindigkeit und auf einer bestimmten Bahn tut. Die Medizin will wissen, welche Krankheiten wodurch verursacht werden und die Pharmakologie herausfinden, welche Stoffe solche Wirkungen haben, dass die Krankheitsursachen verschwinden. Diese konkreten Ursache-Wirkungs-Zusammenhänge zwischen bestimmten Typen von Dingen oder Ereignissen heißen: **Empirische Kausalgesetze**.

Zugleich basiert auch das menschliche Handeln unmittelbar auf dem Kausalprinzip: wer etwas isst, setzt damit bewusst eine Ursache für das Verschwinden des Hungers oder das erwünschte Wohlgefühl im Magen (als Wirkung) und er tut dies deshalb, weil er weiß, dass 1. der Hunger nicht von selbst (ohne Ursache) verschwindet und dass 2. Essen in einem bestimmten persönlichen körperlichen Zustand regelmäßig diese Wirkungen nach sich zieht. Explizit zeigt sich dieses Prinzip im technischen Umgang mit der Welt: ein Werkzeug oder eine Maschine ist nichts anderes als ein geschicktes Arrangement von Ursachen auf die gewünschten Wirkungen hin.

Das Problem der Kausalität

Das Problem der Kausalität entzündete sich für Kant dadurch, dass er zum einen selbst überzeugt war, dass die Geschehnisse in der Welt dem Kausalprinzip folgten, zum anderen aber einsehen musste, dass sich dies weder empirisch noch rational begründen ließ. Hierin hatte ihm David Hume die Augen geöffnet, der gezeigt hatte, dass sich eine Kausalbeziehung zwischen Ereignissen, wie wir sie unterstellen, wenn wir von Ursachen und Wirkungen sprechen, gar nicht innerhalb dieser Ereignisse nachweisen lasse. Die kausalen Verbindungen zwischen Ereignissen sind nicht sichtbar wie die Ereignisse selbst: Wir sehen einen Stein fliegen, auf die Scheibe auftreffen und die Scheibe zerbrechen. Aber wir sehen nicht noch zudem etwas, das dem Ausdruck der ‚Ursache' entspräche, wenn wir sagen, der Stein war die Ursache für das Zerbrechen der Scheibe. Deswegen ist es immer möglich, dass wir uns täuschen, wenn wir etwas für die Ursache von etwas anderem halten. (Vielleicht wäre die Scheibe auch ohne den Stein zerbrochen). Hume hatte deswegen behauptet, es gäbe überhaupt keine wirklichen Kausalbeziehungen in der Natur, sondern es sei schlicht ein Fall von Gewohnheit, wenn wir annähmen, dass die Dinge sich auch in der Zukunft so verhielten, wie sie sich in der Vergangenheit verhalten haben. Weil wir regelmäßig beobachteten, dass Glasscheiben zerbrächen, wenn entsprechende Steine gegen sie flögen, hielten wir diese für die Ursache des Zerbrechens.

Kants Reaktion auf Humes Einsicht war, dieser zuzustimmen, dessen Folgerungen aber zu bestreiten. Zwar sei es richtig, dass zwischen einzelnen Ereignissen keine feste Ursache-Wirkungs-Beziehung feststellbar sei, weil wir überhaupt nur Geschehnisse wahrnehmen könnten, aber keine Einwirkungen von Dingen und Ereignissen auf andere. Hume habe deshalb darin recht, dass es ein Fehlschluss sei, auf der bloßen Basis der „Regelmäßigkeit der Erscheinungen […] den Begriff der Ursache davon abzusondern, und dadurch zugleich die objective Gültigkeit eines solchen Begriffs zu bewähren" (KrV, B 123). Und es sei zudem richtig, dass empirische Kausalbeziehungen nicht a priori gegeben seien, dass wir also nicht durch Begriffsanalyse feststellen können, was wofür Ursache sei und sich unter welchen Bedingungen wie verhalte. „Daß das Sonnenlicht, welches das Wachs beleuchtet, es zugleich schmelze, indessen es den Thon härtet, [kann] kein Verstand aus Begriffen, die wir vorher von diesen Dingen hatten, errathen" (KrV, B 793 f.). Damit sind auch hier die zwei klassischen Alternativen des Empirismus und des Rationalismus ausgeschlossen: wir können weder Ursache-Wirkungsbeziehungen wahrnehmen, noch sie begrifflich durch den Verstand erschließen.

Doch deshalb zu behaupten, diese seien lediglich Täuschungen unserer Gewohnheit, ist für Kant dennoch falsch. Nur weil im je konkreten Fall sich immer Zweifel formulieren lassen, ob eine Kausalrelation richtig beschrieben werde, heiße das noch nicht, dass es überhaupt keine solchen Relationen gebe. Hume habe, so Kants Kritik, „fälschlich aus der Zufälligkeit unserer Bestimmung *nach dem Gesetze* auf die Zufälligkeit des *Gesetzes* selbst" (KrV, B 794) geschlossen.

Nach Kant verhält es sich gerade umgekehrt: wir brauchen das allgemeine Kausalprinzip nicht aus den einzelnen Ereignissen entnehmen, sondern wir müssen es für deren Zusammenhang nach dem Prinzip der kopernikanischen Wende bereits *voraussetzen*. Das Kausalprinzip ist denknotwendig in Hinsicht darauf, dass wir den Verlauf der Ereignisse in der Zeit überhaupt als geordneten erfassen können. Ohne es bliebe nur „ein Gewühle von Erscheinungen" (KrV, A 111), „nur ein Spiel der Vorstellungen [...], das sich auf gar kein Object bezöge" (KrV, B 239).

Ein Gedankenexperiment

Was dies bedeutet, kann man sich in einem Gedankenexperiment klar machen. Stellen wir uns vor, wir würden plötzlich in eine uns radikal fremde Kultur versetzt, von deren Regeln wir nichts wüssten und deren Sprache wir nicht verstünden. Wir würden dann zwar Menschen und ihre Kulturprodukte vor unseren Augen sehen in ihrer Gestalt, Farbigkeit, usw. aber wir würden nicht verstehen, weswegen die Dinge so gestaltet wären und weswegen oder wozu sich die Menschen so verhielten. All dies wäre uns ein Rätsel. Wir wüssten auch nicht, wie wir uns selbst in dieser Kultur verhalten sollten, weil wir nicht wüssten, welches Verhalten hier welche Reaktionen auslöste.

Nun stellen wir uns weiter vor, wir würden nicht in eine fremde *Kultur*, sondern in eine von Grund auf andere *Natur* versetzt werden (etwa in ein andersartiges Universum), in welcher wir gleichfalls alle Dinge und Abläufe vor unseren Augen sähen, aber nicht die geringste Vorstellung hätten, was die Dinge in dieser Natur seien, noch wie sie sich verhielten. Wir könnten aus dem, was wir sähen, auf keine Vergangenheit zurück schließen und nicht ableiten, was unmittelbar bevorstünde. Und wir könnten nicht handeln, weil wir gar nicht wüssten, wie die Dinge, mit denen wir umgingen, sich in Reaktion auf unseren Kontakt verhalten würden. Immerhin könnten wir unter der Annahme, dass es überhaupt eine Natur im Sinne Kants sei, das heißt, dass in ihr das Kausalgesetz gelte, herausfinden, wie sich die Dinge verhielten und so allmählich Orientierung gewinnen. Wenn wir ein Etwas vor uns in die Hand nähmen und es wäre schwer oder hart, dann könnten wir davon ausgehen, dass es wieder schwer und hart sein würde, wenn wir es danach neuerlich in die Hand nähmen. Und wenn nicht, dann wären wir berechtigt, nach einer Ursache für die Veränderung zu suchen, welche diese wiederum erklärte.

Doch damit sind wir noch nicht in der Welt angelangt, wie sie aus Sicht Kants sein müsste, wenn Hume Recht hätte, und der Grundsatz der

Kausalität keine Gültigkeit hätte. Wir müssen nun nochmals, in einem dritten Gedankenschritt, von dieser fremden Natur die Annahme abziehen, dass sie überhaupt eine Natur im Sinne Kants wäre, d. h., dass sich in ihr die Dinge auf die immer selbe Art verhielten und es für alle Veränderungen Ursachen gebe. Diese Welt wäre nicht nur unverständlich, wenn wir in sie versetzt würden, sie müsste es auch bleiben. Sie wäre von Grund auf unverstehbar. Wir würden uns wie in einem Alptraum orientierungslos durch sie bewegen. Dies ist die Welt des Gewühles von Erscheinungen, als die man sich in Abstraktion die reine Wahrnehmungswelt ohne die ordnende Funktion des Verstandes denken müsste.

Wenn wir nun umgekehrt von dieser reinen Sinneswelt ausgehend in die vorhergehende zurückgehen und annehmen, dass es in ihr doch Regelmäßigkeit im Sinne des allgemeinen Kausalgrundsatzes gibt, auch wenn wir solche konkret noch nicht festgestellt hätten, dann ändert sich unsere Sicht auf diese Welt grundsätzlich. Denn wir betrachteten dann diese Welt eben *als Natur*, d. h., als eine, welche einen internen, systematischen Zusammenhang besitzt, welchen wir auch prinzipiell verstehen könnten.

Kants zentrales Argument

Kants wesentlichstes Argument für die Gültigkeit des Kausalgrundsatzes lautet: Wenn

> *vor einer Begebenheit nichts vorher [ginge], worauf dieselbe nach einer Regel folgen müßte, so wäre alle Folge der Wahrnehmung [...] bloß subjectiv, aber dadurch gar nicht objectiv bestimmt, welches eigentlich das Vorhergehende und welches das Nachfolgende der Wahrnehmungen sein müßte.* (KrV, B 239)

Dieses Argument enthält vier Thesen: 1. Es gibt Fälle, in denen zwischen zwei Ereignissen festgelegt ist, welches zeitlich dem anderen vorhergeht in dem Sinn, dass es nicht andersherum sein könnte. 2. In diesen Fällen ist das frühere die Ursache des späteren und 3. der Zusammenhang zwischen Ursache und Wirkung regelhaft. Und 4. sind in diesen Fällen Ursachen und Wirkungen etwas Objektives, etwas, das für andere in eben derselben Weise bestimmt ist und nicht bloß für uns privat gilt. Wenn z. B. dem Tritt auf den Fußball sein Flug in den Strafraum folgt und es nicht sein kann, dass zuerst der Ball (ohne sonstige Ursachen) fliegt und erst dann auf ihn getreten wird, dann ist der Tritt die Ursache des Flugs. D.h., bei einer exakt identischen Art des Tritts würde der Ball auch immer wieder auf exakt dieselbe Weise fliegen, und sowohl der Tritt als auch der Flug des Balles sind objektiv und nicht lediglich von mir erträumt. Umgekehrt gilt: wenn ich zwar zuerst wahrnehme, dass die Sonne aufgeht und dann, dass es stürmt, es aber auch sein hätte können, dass der Sturm schon vor dem Sonnenaufgang gewesen wäre, dann ist nicht der Sonnenaufgang die Ursache des Sturmes und es ist dadurch nicht garantiert, dass beides objektive Ereignisse sind. Es könnte sein, dass ich sie nur erträumt oder mir eingebildet hätte.

Während *Wahrnehmung* immer etwas Einzelnes betrifft, ist *Erfahrung* der Extrakt aus vielerlei Wahrnehmungen durch ihre einheitliche Verknüpfung gemäß der Verstandesgrundsätze und betrifft etwas Allgemeines. Wir nehmen wahr, dass der Wind weht, dass es dämmert, dass das Meer rauscht, dass etwas salzig schmeckt usw. Aber wir haben *die Erfahrung* gemacht, (indem sich in vielen unserer Wahrnehmungen dasselbe gefunden hat und wir daraus auf einen Fall von gesetzesmäßigem Zusammenhang geschlossen haben, der dann auch überindividuelle Gültigkeit hat), dass das Wachs in der Sonne schmilzt und der Ton sich härtet, um bei Kants Beispielen zu bleiben. Wahrnehmung wird demnach objektiv dadurch, dass sie als Teil der Erfahrung in diese eingeht.

Die Postulate des empirischen Denkens überhaupt

Nach den „Postulaten des empirischen Denkens überhaupt", welche die Anwendungsberechtigung der Modalkategorien des Möglichen, Wirklichen und Notwendigen auf die Empirie klären, gilt nun:

Die „**Möglichkeit** der Dinge fordert […], daß der Begriff derselben mit den formalen Bedingungen einer Erfahrung überhaupt zusammenstimme" (KrV, B 267). Empirisch möglich ist nur etwas, dessen Begriff den formalen Erfahrungsbedingungen entspricht, kurz: Teil der kohärenten Natur sein kann. Begriffe hingegen, die zwar aus Wahrnehmungen gebildet werden, jedoch „ohne von der Erfahrung selbst das Beispiel ihrer Verknüpfung zu entlehnen" (B 269), sind bloße Erdichtungen und Hirngespinste. Desgleichen erfüllen bloße Wahrnehmungsgegenstände, die nicht schon durch den Verstand innerhalb des begrifflichen Systems der „Analogien der Erfahrung" gedacht werden, aus sich selbst heraus das Kriterium möglicher Wirklichkeit noch nicht. Das heißt: Wahrnehmungen, welche nicht in den Zusammenhang der Erfahrung gebracht werden können, sind Sinnestäuschungen, Trugbilder, oder Träume. In den Prolegomena heißt es entsprechend:

> *Der Unterschied aber zwischen Wahrheit und Traum wird nicht durch die Beschaffenheit der Vorstellungen, die auf Gegenstände bezogen werden, ausgemacht, [...] sondern durch die Verknüpfung derselben nach den Regeln, [...] wie fern sie in einer Erfahrung beisammen stehen können oder nicht.* (Prol., iv 290)

Wirklich kann nur sein, was möglich ist. Aber es muss noch etwas hinzukommen: „Die *Wirklichkeit* [...] fordert *Wahrnehmung*" (B 272) und in diesem Sinn ist Wahrnehmung die zweite Bedingung der Wirklichkeit. Begriff und empirische Anschauung müssen für die Wirklichkeit der Dinge zusammenkommen. Allerdings muss die Wahrnehmung nicht unmittelbar für die Wirklichkeit eines Dinges gegeben sein, sie ist lediglich *gefordert* (= postuliert). Denn es kann auch wirklich sein, wovon es keine direkte Wahrnehmung gibt, wenn es nur die Bedingungen der Erfahrung erfüllt und nach deren Verknüpfungsordnung mit anderen Wahrnehmungen zusammenstimmt. Es genügt der Zusammenhang „mit *irgendeiner* wirklichen Wahrnehmung, nach den Analogien der Erfahrung" (B 272). Daher lautet das Postulat der **Wirklichkeit**: „Was mit den materialen Bedingungen der Erfahrung, (der Empfindung) zusammenhängt, ist *wirklich*" (B 266). So können wir sagen, dass es etwas gebe, auch wenn niemand es gesehen hat, aber es im Zusammenhang der Dinge, die wahrgenommen werden, keine Alternative zu seiner Existenz gibt. Ein modernes Beispiel für ein solches Wirklichkeitspostulat ist, dass es schwarze Löcher im Kosmos geben müsse, weil sonst bestimmte wahrnehmbare Phänomene nicht erklärlich wären.

Betrifft dies nun nicht ein bloßes Ding, sondern ein Ereignis, dann gilt für dieses gar das Postulat der **Notwendigkeit** unter Anwendung der zweiten Analogie der Erfahrung. Denn es gibt, so Kant in B 279, „kein Dasein, das unter der Bedingung anderer gegebener Erscheinungen als nothwendig erkannt werden könnte, als das Dasein der Wirkungen aus gegebenen Ursachen nach Gesetzen der Causalität." Die Wirklichkeit selbst ist nicht notwendig (sondern zufällig), die Welt hätte im Detail wie im Ganzen auch anders sein können. Auf der Basis einer einmal gegebenen Wirklichkeit (in der Zeit) jedoch sind alle ihr in der Zeit nachfolgenden Zustände nach dem allgemeinen Kausalprinzip notwendig. Weil der Erfahrungszusammenhang notwendig ist, wird durch ihn die jeweilige Folge der empirisch zufälligen Wahrnehmungen, sofern diese systemisch als Wirklichkeiten nach allgemeinen Erfahrungskriterien ausgewiesen werden, zugleich nach dem allgemeinen Kausalgrundsatz notwendig.

Die objektive Welt der Natur, die solchermaßen erfahren wird, ist demnach der durch den Kausalgrundsatz gesetzlich geregelte Zusammenhang aller Erscheinungen. Hierdurch schließt sich der argumentative Kreis, denn Kant kann nun sagen:

> *der Verstand schöpft seine Gesetze (a priori) nicht aus der Natur, sondern schreibt sie dieser vor.* (Prol., iv 320)

Oder entsprechend:

> *die Ordnung und Regelmäßigkeit also an den Erscheinungen, die wir Natur nennen, bringen wir selbst hinein und würden sie auch nicht darin finden können, hätten wir sie nicht, oder die Natur unseres Gemüths, ursprünglich hineingelegt.* (KrV, A 125)

Kurz:

> *der Verstand ist a priori gesetzgebend für die Natur, als Object der Sinne.* (KU, v 195)

Damit hat sich am Fall der Kausalität bestätigt, dass synthetische Urteile a priori deswegen möglich sind, weil die Ermöglichungsbedingungen von Erfahrung zugleich die Ermöglichungsbedingungen der Gegenstände der Erfahrung sind. Und es ließ sich zeigen, weshalb diese „*objective* Gültigkeit in einem synthetischen Urteil a priori" (KrV, B 197) haben.

Zentrale Stellen

KrV, B 232–256 (= 2. Analogie der Erfahrung); Prol., iv 294–326 (= Der transcendentalen Hauptfrage zweiter Teil: Wie ist reine Naturwissenschaft möglich?).

Literatur

Bernhard Rang, Naturnotwendigkeit und Freiheit. Zu Kants Theorie der Kausalität als Antwort auf Hume. In: *Kant-Studien* 81, 1990. S. 24–56.

Peter Rohs, In welchem Sinne ist das Kausalprinzip eine ‚Bedingung der Möglichkeit von Erfahrung'? In: *Kant-Studien* 76, 1985. S. 436–456.

Peter F. Strawson, *Die Grenzen des Sinns*. Ein Kommentar zu Kants ‚Kritik der reinen Vernunft'. Dt.: Frankfurt/Main, 1992.

5 Was sind die Grenzen des Erkennbaren?

Leitbegriffe

Schein, Transzendentale Dialektik, Ideen der Vernunft?, Paralogismus, Antinomie, Welt, Ideal

Nicht jedes Denkprinzip rechtfertigt die durch es als objektiv gedachten Gegenstände. Kants fundamentale Einsicht in der „Transzendentalen Dialektik" ist, dass es Ideen wie Gott, die Welt und die Seele gibt, welche die Vernunft notwendig denken muss, obwohl sie sich darin täuscht, wenn sie diese Ideen für gegebene Dinge hält.

Die *Kritik der reinen Vernunft* hat einen positiven und einen negativen Teil. Positiv geht es darum, darzulegen, welche Art von Wissen möglich ist. Mit den mathematischen Erkenntnissen auf der Basis der Anschauungsformen von Raum und Zeit, die in der „Transzendentalen Ästhetik" erörtert wurden und den Erkenntnissen der Natur, welche in der „Transzendentalen Analytik", dem ersten Teil der „Transzendentalen Logik" gerechtfertigt wurden, ist dieser Teil abgeschlossen. Hier zeigte Kant positiv, wie Erfahrungswissen von der Erscheinungswelt möglich ist. Nämlich dadurch, dass der urteilende Verstand sich auf die sinnlich anschauliche Welt erscheinender Gegenstände mittels solcher Begriffe bezieht, deren Gegenstände in der sinnlichen Welt auch zur Anschauung gebracht werden können. Der Bereich möglichen Verstandeswissens wird hierdurch streng auf das Feld möglicher Erfahrung beschränkt.

Es bleibt aber als zweite Aufgabe, diese Art gerechtfertigter Erkenntnisse abzugrenzen gegen solche, die gleichfalls mit dem Anspruch, Erkenntnis zu sein, auftreten, aber diesen Anspruch nicht einlösen können. Die Behandlung solcher Urteile ist die Aufgabe der „Transzendentalen Dialektik", des zweiten Teils der „Transzendentalen Logik". Zu einer vollständigen Analyse des Erkenntnisvermögens gehört es schließlich auch, zu sagen was wir *nicht* wissen können und weshalb.

Als ‚Dialektik' wurde in der Antike bei Aristoteles der Teil der Logik bezeichnet, der sich nicht mit bloß formalen, dafür aber sicheren, sondern mit inhaltlichen, dafür aber bloß wahrscheinlichen Erkenntnissen beschäftigt. Auch bei Kant stehen in Analytik und Dialektik Wahrheit und Schein gegenüber. Bei Kant allerdings hat die *transzendentale Dialektik* die Aufgabe, Scheinwissen aufzudecken, das entsteht, wenn in Begriffen, deren Gegenstände *nicht* in einer sinnlichen Anschauung gegeben werden können, so geurteilt wird, als ob sie von existierenden Gegenständen handelten. Wird die Logik nicht nur zur Bestimmung der formalen Bedingungen der Erkenntnis gebraucht, sondern missbraucht als Werkzeug zur Hervorbringung neuer Kenntnisse, so entsteht eine „Logik des **Scheins**" (KrV, B 86), das heißt: eine Scheinlogik, die Täuschung und Blendung bewirkt. Demnach ist die **transzendentale Dialektik** eine „Kritik dieses dialektischen Scheines" (KrV, B 88), welcher nach Maßgabe der kopernikanischen Wende aufgedeckt werden kann über eine Analyse der subjektiven Bedingungen, unter welchen er entsteht.

‚Das Skandal' der Vernunft

Über die Analyse der Erkenntnisvermögen ist eine Basis gegeben, auf der sich Fragen über Gegenstände beantworten lassen, deren Existenz zweifelhaft ist. Die Frage beispielsweise, ob die Seele unsterblich sei, können wir nicht unmittelbar beantworten, solange nicht klar ist, ob wir überhaupt etwas von einer Seele wissen können, weil wir zunächst nicht einmal klar verstehen können, was so etwas wie eine ‚Seele' überhaupt sei. Wenn wir aber untersuchen, wie wir qua unseres Vernunftvermögens zu einem solchen Begriff wie ‚Seele' kommen, dann können wir von dort aus auch sehen, auf was er sich anwenden lässt und zu was für Folgerungen er berechtigt.

Kant zeigt, dass es eine besondere Eigentümlichkeit der Vernunft ist, Begriffe, die über jenen in der transzendentalen Analytik abgesteckten Bereich möglichen Erkennens hinausgehen, *selbst* zu erzeugen – und das notwendig und unausweichlich. Der Schein ist demnach der Natur der Vernunft selbst eingeschrieben. Daher ist die transzendentale Dialektik, auch „eine Kritik des Verstandes und der Vernunft […], um den falschen Schein ihrer grundlosen Anmaßungen aufzudecken" (ebd.).

Die Formulierung ‚eine Kritik der Vernunft‘ ist dabei auf gewichtige Art doppeldeutig: die Vernunft wird durch die Vernunft kritisiert – sie ist das kritisierende und kritisierte zugleich.

Man muss sich das Ungeheuere dieser Entdeckung klarmachen: Kant behauptet nichts weniger, als dass die Vernunft selbst eine Innentendenz hat, sich zu täuschen; und zwar sich zu täuschen nicht aus Versehen oder Nachlässigkeit oder falscher Ausbildung oder Unkenntnis, sondern weil diese Täuschung zum Prinzip der Vernunft selbst gehört. Die Vernunft ist von sich selbst geblendet – welch eine schwindelerregende Einsicht! Und die Aufgabe derselben Vernunft ist es, diese Täuschung aufzudecken, ohne sich ihrer doch entledigen zu können – welch eine monumentale Herausforderung!

Schon in der Vorrede der *Kritik der reinen Vernunft* nannte es Kant das Schicksal der menschlichen Vernunft, „daß sie durch Fragen belästigt wird, die sie nicht abweisen kann, denn sie sind ihr durch die Natur der Vernunft selbst aufgegeben, die sie aber auch nicht beantworten kann, denn sie übersteigen alles Vermögen der menschlichen Vernunft“ (KrV, A vii). Diese Art von Fragen gehört demnach zu den Bedingungen des Menschseins überhaupt; wir können ihnen nicht entkommen. Aber wir können diese Fragen nicht beantworten, wenn wir uns bloß an den Bereich halten, der innerhalb der „Transzendentalen Analytik“ als Feld möglichen Wissens gerechtfertigt wurde. Der Mensch bedarf offensichtlich nicht nur naturwissenschaftlicher Erklärungen, sondern auch Antworten auf Fragen, die über dieses Feld hinausgehen. Als solche in unserer Vernunftnatur liegenden Fragen nennt Kant die nach Gott, der Welt und unserer Seele. Diese Fragen kommen zustande dadurch, dass die Vernunft selbst die begrifflichen Vorstellungen von Gott, Welt und Seele erzeugt. Solche Vernunftbegriffe heißen **Ideen der Vernunft** (KrV, B 368). Ihr Kennzeichen ist, dass „ihnen schlechterdings keine Anschauung angemessen gegeben werden kann“ (KU, v 351), das heißt, „dass wir vom Object, welches einer Idee correspondiert, keine Kenntniß […] haben können“ (KrV, B 397). Erst durch die Aufdeckung des Erzeugungszusammenhangs wird klar, dass es aussichtslos ist, die Fragen nach dem Sein Gottes, der Welt und der Seele zu beantworten, wenn wir nach diesen wie nach realen Objekten fragen.

Mit der Entdeckung des dialektischen Scheins stellt Kant die Grundverhältnisse der gesamten Philosophiegeschichte noch einmal auf den Kopf – man könnte dies seine zweite kopernikanische Revolution nennen, vielleicht sogar seine eigentliche, erste. In der Tat hat er einmal bekannt, dass es diese Entdeckung gewesen sei, die ihn „aus dem dogmatischen Schlummer zuerst aufweckte und zur Critik der Vernunft selbst hintrieb, um das Scandal des scheinbaren Wiederspruchs der Vernunft mit ihr selbst zu heben" (*Briefwechsel*, xii, 258).

Die Vernunft galt seit der griechischen Antike als der Ort der Wahrheit und Einsicht im Gegensatz zu den Täuschungen durch die Sinne, das bloße, uneinsichtige Meinen oder die Blendung durch falsche Argumente. Das ganze Bemühen der Philosophie war darauf gerichtet, die Vernunft richtig anzuwenden, um zu der ihr selbst gemäßen Wahrheit zu gelangen. Selbst vernunftskeptische Philosophieströmungen zweifelten nicht grundsätzlich daran, dass die Vernunft der Ort der Wahrheit sei, sondern lediglich daran, dass sie vielleicht nicht weit genug reiche oder ihre Wahrheit inhaltsleer sei oder sie ihre eigenen Versprechen nicht einlösen könne – nicht aber daran, dass die Vernunft grundsätzlich das Medium der Einsicht sei. Dagegen zeigt Kant, dass es zur Vernunft selbst gehört, aus eigenen Begriffen Ideen zu erzeugen, deren Schein sie alsdann selbst aufsitzt; dass also das Erzeugen von Fehlschlüssen und Widersprüchen zu ihrer eigenen logischen Grundausstattung gehört!

Dass die Vernunft den dialektischen Schein selbst erzeugt, bedeutet auch, dass es nicht möglich ist, diese „Fehlleistung" zu beheben. So wie eine optische Täuschung bestehen bleibt, auch wenn wir wissen, dass es eine Täuschung ist, so bleibt auch der Schein bestehen, den die Vernunft selbst erzeugt, auch wenn sie selbst durchschaut, dass es nur Schein ist, dem sie aufsitzt: „Der transcendentale Schein [...] hört gleichwohl nicht auf, ob man ihn schon aufgedeckt und seine Nichtigkeit [...] eingesehen hat" (KrV, B 353).

In den Ideen von Gott, Welt und Seele zeigen sich drei Typen von Schein, den die Vernunft erzeugt. Allen drei Typen ist gemeinsam, dass sie dadurch zustande kommen, dass die Vernunft, eine unzulässige Vergegenständlichung begeht, also etwas als einen Gegenstand denkt, das es seinem Wesen nach nicht ist. Es sind dies:

1) Der Fehlschluss (*Paralogismus*) vom Ich zu einer substanziellen *Seele*.
2) Der Widerstreit der Vernunft mit sich selbst (*Antinomie*), in den sie in Fragen nach den Bedingungen und Grenzen der *Welt* gerät.
3) Das *Ideal*, das sie in Fragen nach dem vollkommenen Wesen *Gottes* erzeugt.

Der Paralogismus der reinen Vernunft

Gibt es ein Leben nach dem Tod? Haben wir eine unsterbliche Seele? Dies sind Fragen, die sich nicht abweisen, aber auch nicht beantworten lassen, die jeder in sich trägt, und bei denen es nicht einmal klar ist, wo man nach einer Antwort suchen müsste. Bei den Fragen zur Natur, selbst bei sehr komplexen, kann man sich prinzipiell immer ein Verfahren denken, wie man zu ihrer Beantwortung gelangen könnte, selbst wenn dies technisch nicht durchführbar wäre. Aber wie soll man verfahren, wenn man nach der Seele fragt?

Kants Antwort ist: man muss dort nachspüren, wo die *Idee* der Seele erzeugt wird. Der Ort hierfür ist die ideenerzeugende Vernunft selbst.

Die transzendentale Deduktion der Kategorien hatte als höchsten Punkt ihrer Einheit das ‚Ich denke' als diejenige formale Bedingung ausgewiesen, unter welcher alles Denken stehen muss (vgl. Kapitel 3). Wenn nun die Frage nach der Unsterblichkeit der Seele gestellt wird, dann ist die Seele, nach welcher hierbei gefragt wird, nicht dasselbe wie das ‚Ich denke' der transzendentalen Apperzeption. Dieses ist eine *formale* Bedingung der Einheit des Denkens: „Das Ich ist nur das Bewußtsein meines Denkens; […] eine bloße logische […] Einheit des Selbstbewußtseins" (KrV, B 413). Es muss das Denken lediglich begleiten können. Dieses Bewusstsein des Denkens bezieht sich nur auf das Subjekt, das das Denken vollzieht und ist kein objektiver Gehalt dieses Denkens. Also: das Ich ist dasjenige, das denkt und nichts, das gegenständlich gedacht wird. Dies aber ist der Fall, wenn von einer Seele als einem realen, existierenden Gegenstand gesprochen wird. Demnach besteht der **Paralogismus**, das heißt der Fehlschluss, darin, „von dem transcendentalen Begriffe des Subjects, der nichts Mannigfaltiges enthält, auf die absolute Einheit dieses Subjects selber, von welchem ich auf diese Weise gar keinen Begriff habe" (KrV, B 397 f.) zu schließen. Was logisch der Art nach über die sogenannte ‚Ich-denke-Begleitung' als zusammengehörig gedacht werden können muss, wird als reale Einheit von Vorstellungen aufgefasst. Das heißt, das Ich des ‚Ich denke' wird für etwas gehalten, das ein Gegenstand der inneren Erfahrung sein müsste. Aber dort lassen sich kein Ich und keine Seele auffinden. Wir können unsere inneren, anschaulichen, in der Zeit sich ändernden Vorstellungen durchmustern wie wir wollen: Ein Ich oder eine Seele kommt darin nicht vor. Deswegen ist die Antwort auf die Frage nach der Unsterblichkeit der Seele die, dass die Frage selbst sinnlos ist.

Damit hat Kant gleich mehrere uralte metaphysische Probleme erledigt, welche sich mit der Seele beschäftigten: neben der Frage nach ihrer

Unsterblichkeit auch all die Fragen, welche traditionell als Leib-Seele-Problem behandelt werden. Wenn die Seele kein Gegenstand mit einer eigenen Wirklichkeit ist, dann ist es gleichfalls sinnlos, danach zu fragen, wie sie mit dem Körper verbunden sei, mit ihm interagiere usw. Die Disziplin, welche sich mit diesen Problemen traditionell beschäftigte, ist die *rationale Psychologie*, welche die Selbsterforschung der Vernunft nicht als eine Untersuchung ihrer logischen Bedingungen, sondern als Analyse eines gegebenen Gegenstandes betrieben hatte. Diese Disziplin war mit Kants Paralogismus-Kapitel philosophiegeschichtlich hinfällig geworden.

Die Antinomie der reinen Vernunft

Auch die zweite Art der Selbstblendung der Vernunft hatte eine ganze metaphysische Wissenschaftsdisziplin entstehen lassen: *die rationale Kosmologie*. In ihr wurden die Fragen, 1. ob *die Welt* eine räumliche und zeitliche Grenze habe, 2. die Materie unendlich teilbar sei, 3. es eine erste Ursache der Bewegung in der Welt gebe und 4. ihrem zufälligen Geschehen eine Notwendigkeit zugrunde liege, verhandelt – zweifellos auch dies Grundfragen der Menschheit an ihre sie umgebende Welt. Diese vier Fragen handelt Kant systematisch in der Form eines vierfachen Widerstreits der Vernunft unter einem einheitlichen Streitprinzip ab. Das Merkwürdige der Selbsttäuschung der Vernunft in diesen Fragen liegt darin, dass sich bei ihnen jeweils eine Behauptung (Thesis) und ihre Gegenbehauptung (Antithesis) zugleich beweisen lassen. So führt Kant z. B. vor, dass die Welt räumlich begrenzt *und* nicht räumlich begrenzt sei, sondern sich unendlich erstrecke, oder dass es kleinste Materieteilchen geben müsse und doch nicht geben könne – womit klarerweise der logische Grundsatz des zu vermeidenden Widerspruchs verletzt ist.

Diesen „Widerstreit der Vernunft" (KrV, B 435) mit sich selbst nennt Kant **Antinomie**, womit zu seiner Zeit der Parteienstreit vor Gericht bezeichnet war. Im Bild des Gerichtshofs nimmt die Vernunft die gegensätzlichen Positionen beider Parteien ein. Sie ist Klägerin und Beklagte zugleich. Das heißt, es ist ihr auf die Idee der Welt bezogen möglich, eine These als auch ihr genaues Gegenteil zu beweisen – ein Zustand, den Kant zu Recht als skandalös bezeichnet, verstößt doch hier die Vernunft gegen das seit der Antike anerkannte höchste formallogische Prinzip, nach welchem sich widersprechende Sätze nicht zugleich in der selben Hinsicht wahr sein können. Doch damit nicht genug: Die Vernunft nimmt in der Antinomie nicht nur die Positionen der beiden sich widerstreitenden Parteien ein, sondern sie muss zugleich in der kritischen Perspektive der transzendentalen Dialektik die Richterin sein, welche diesen Streit zuletzt schlichtet. Sie ist auch hier kritisierende und kritisierte zugleich. Es gibt keine weitere Instanz oberhalb der Vernunft.

Auch in der Antinomie funktioniert die Auflösung so, dass Kant zeigt, dass der Streit auf einer begrifflichen Voraussetzung basiert, welche sich mittels der in der „Transzendentalen Analytik“ entwickelten kritischen Transzendentalphilosophie als falsch nachweisen lässt. War dies im Paralogismus der doppeldeutige Subjektbegriff gewesen, welcher die Vernunftidee der Seele erzeugte, so ist nun der Begriff der **Welt** die selbstgeschaffene Vernunftidee, welche in sich doppeldeutig ist. Die Welt ist der „Inbegriff aller Erscheinungen“ (KrV, B 391). Dies beruht auf der Vorstellung einer Totalität, die das Feld der uns möglichen Erfahrung übersteigt und daher unter den Prämissen der Transzendentalphilosophie ins Leere geht. Denn *alle* Erscheinungen können uns niemals gegeben sein.

Auch die Entstehung der Vernunftidee der Welt ist nicht einfach eine Fehlleistung, sondern eine notwendige Folge der Grundfunktion der Vernunft selbst. Die Vernunft ist darauf aus, „zu dem bedingten Erkenntnisse des Verstandes das Unbedingte zu finden“ (KrV, B 364), d. h., sie versucht, die einzelnen Erkenntnisse des Verstandes in einem Ganzen zu vereinen. In der Idee eines Ganzen liegt die Totalität aller seiner Bedingungen; in der Idee der Welt als Inbegriff der Erscheinungen demnach die Totalität aller Bedingungen aller Erscheinungen, seien sie räumlicher, zeitlicher oder kausaler Art. Aber eben diese können nicht durch unsere Erkenntnisbedingungen von Sinnlichkeit und Verstand erreicht werden.

In der Idee einer Bedingungstotalität wird die *logische* Verknüpfung eines jeden Bedingten mit seinen Bedingungen unmittelbar vollzogen und die Bedingung zum Bedingten dadurch als gegeben, „d. i. in dem Gegenstande und seiner Verknüpfung enthalten“ (ebd.) gedacht. Unter den Voraussetzungen des transzendentalen Idealismus hingegen, d. h. der uns möglichen Erfahrbarkeit der zeitlichen Ereignisse in der Welt auf der Basis unserer Anschauungsformen, ist die Verknüpfung eines Bedingten mit seiner Bedingung nicht unmittelbar, sondern „nur in der Zeit nach einander gegeben“ (KrV, B 528). Wenn logisch gilt: kein Bedingtes ohne seine Bedingung, dann gilt noch nicht, dass auch zu allem realen Gegebenen die realen Bedingungen mitgegeben sein müssen.

Nach Aufdeckung dieser Quelle des Scheins kann Kant zeigen, dass Thesen und Antithesen zwar in sich schlüssig bewiesen sind, jedoch auf unterschiedlichen Voraussetzungen beruhen, nämlich solchen der klassischen Metaphysik. So präsentieren die Thesen Positionen des Rationalismus, insofern sie logische Forderungen als real gegeben ansehen, z. B. dass die Zeitreihe von einem Anfang ausgehe, oder der Raum eine Grenze haben oder die Teilbarkeit der Materie ein Ende finden müsse, weil die schließende Vernunft einen Abschluss der Reihe der Bedingungen fordert. Hingegen entsprechen den Antithesen Positionen des Empirismus, weil unter den Bedingungen der Sinnlichkeit keine Grenze der Zeit gegeben ist – woraus dann geschlossen wird, dass es auch keine solche geben könne. Die kritische Auflösung hingegen zeigt, dass beide Seiten ihre Positionen unzulässig verabsolutieren, und je auf ihre Art dogmatisch argumentieren. Die „Welt" erweist sich als ein Begriff, welchem die korrespondierende Anschauung notwendig ermangelt, und der deswegen gleichfalls *leer* ist.

Das Ideal der reinen Vernunft

Existiert Gott? Auch der dritte Typ von dialektischem Schein folgt einer Frage, auf die der nachdenkende Mensch zwangsläufig zu kommen scheint, und die ihrerseits mit der *rationalen Theologie* wiederum eine ganze metaphysische Disziplin begründet hat. Bereits in den Fragen nach dem kausalen Anfang und der Notwendigkeit der Welt stieß die Vernunft auf die Idee einer außerweltlichen Existenz. In Reinform ist dies die Idee eines Wesens, das alle positiven Eigenschaften in sich vereinigt, das selbst „in seiner Art ganz vollständig ist" (KrV, B 598). Da wir hierin ein Individuum denken, das uns zugleich als Vorbild dienen kann, nennt Kant die Idee Gottes „**das Ideal** der reinen Vernunft" (KrV, B 595).

Auch hier lässt sich die Frage nach der Existenz eines Wesens, das der Idee entspricht, über den Nachweis der Herkunft der Idee beantworten: dieses Wesen ist eine Personifizierung der Ganzheitsvorstellung von etwas, das alles *ist*; d. h., dem wir vollkommene Eigenschaften zuschreiben können. Wird dieses Ideal durchschaut und der dialektische Schein, die Vernunft könne sich auf ein solches existierendes Wesen beziehen, aufgedeckt, so ist alle rationale Theologie beendet. Auch die Frage nach der Existenz Gottes erweist sich als prinzipiell nicht beantwortbar, weil kein Wesen in der Anschauung gegeben werden kann, das der Gottesidee entspricht. Damit ist nicht gesagt, Kant habe die Nichtexistenz Gottes behauptet oder gar bewiesen, denn auch eine solche Behauptung würde die Grenzen möglicher Erkenntnis überschreiten. Aber es ist gesagt, dass sich Gott weder rational erschließen noch empirisch nachweisen lässt. Um dies zu bestätigen, widerlegt Kant drei traditionelle Gottesbeweise: den *ontologischen*, der argumentiert, Gott müsse sein, weil seine Existenz seinem Begriff der Vollkommenheit entspräche, den *kosmologischen*, der sagt, Gott müsse sein, weil nicht alles aus Zufall entstanden sein könne und es daher ein notwendiges Wesen geben müsse und schließlich den *physikotheologischen*, der besagt, die zweckmäßig geordnete Welt könne nur durch eine sie ordnende göttliche Intelligenz hervorgebracht worden sein.

Kant zeigt hingegen, dass der Schluss von der Ordnung auf einen personalen Ordner eine unzulässige Analogiebildung ist. Ebenso, dass der Schluss von einem zufälligen Vorhandenen auf einen notwendigen Schöpfer den unzulässigen Rückschluss von einem Erfahrungsgegenstand (denn alles Vorhandene ist empirisch) auf ein Wesen außerhalb aller Erfahrung beinhaltet. Der ontologische Gottesbeweis schließlich basiert auf der Gleichsetzung des logischen Ausdrucks „sein" mit einer tatsächlichen Eigenschaft. Die Existenz, die gleichfalls durch den grammatischen Ausdruck „sein" angegeben wird („Gott ist" = existiert), ist aber keine sachhaltige Eigenschaft wie die anderen Eigenschaften, welche den Begriff einer Sache bereichern, (z.B.: „Gott ist vollkommen"). „Sein ist", so Kants berühmte Formulierung, „kein reales Prädicat" (KrV, B 626).

Die Ideen Gott, Welt und Seele waren bis Kant klassische Themen der Metaphysik, die Kant durch die Auflösung des dialektischen Scheines als solche erledigt hat. Dies hat ihm den Ruf eines metaphysischen Alleszermalmers eingebracht. Aber Kant zeigt, dass auch diese Ideen eine positive Seite haben. Sie haben zwar keinen existierenden Inhalt, aber eine positive praktische *Funktion*, wenn man sie ihrem Anspruch und ihrer Reichweite gemäß gebraucht. Sie leiten sowohl das praktische Verfahren unseres Wissenserwerbs als auch unsere Praxis im Allgemeinen. Dementsprechend leitet ihre Analyse zu den Fragen über, wie im Speziellen die Wissenschaft verfahren soll (Kapitel 6) und wie ganz allgemein wir handeln sollen (Kapitel 9, vorbereitend Kapitel 7 und 8).

Zentrale Stellen

KrV, B 349–732 (= Transzendentale Dialektik); Prol., iv 327–365 (= 3. Teil: „Wie ist Metaphysik überhaupt möglich?").

Literatur

Jonathan Bennett, *Kants's Dialectic*. Cambridge, 1974.

Heinz Heimsoeth, *Transzendentale Dialektik*. Ein Kommentar zu Kants Kritik der reinen Vernunft. 4 Bde., Berlin, 1967 ff.

Nikolai F. Klimmek, *Kants System der transzendentalen Ideen*. (Kant-Studien Ergänzungshefte 147) Berlin, 2005.

6 Wie soll Wissenschaft verfahren?

Leitbegriffe

Experiment, Objekt/Objektivität, regulatives Vernunftprinzip, gegebene und aufgegebene Bedingungen, Das Als-ob

Aus den grundsätzlichen Untersuchungen zu den Möglichkeiten und Grenzen des Wissens lassen sich konkrete Verfahrensanweisungen ableiten, wie Wissen erworben werden kann. Empirisch über das Experiment, vernetzt durch das Kausalprinzip des Verstandes, systematisch angeleitet durch die Vernunftvorstellung der Vollständigkeit.

Nehmen wir an, jemand wüsste allgemein, dass der Kausalgrundsatz gälte, hätte aber nicht die geringste Ahnung, wie tatsächlich die Welt vor seinen Augen funktionierte. Er würde einfach wahrnehmen, dass die Sonne aufginge, der Wind wehte, das Metall sich kühl und hart anfühlte, oder ein Glas hinabfiele und auf dem Steinboden klirrend zerbräche. Er wüsste wohl, dass es für all dies irgendwo eine Ursache gäbe und dass unter denselben Bedingungen wieder die Sonne aufginge, der Wind wehte usw., aber er wüsste nicht, wodurch dies tatsächlich geschähe. Schließlich sind die sinnlichen Erscheinungen von einer unermesslichen Vielheit. Wie käme er nun dazu, auf die richtige Weise einzusehen, wie die Naturzusammenhänge seien? Verursacht der Wind, dass die Sonne aufgeht oder das Aufgehen der Sonne den Wind oder hat beides nichts miteinander zu tun?

Dies in etwa entspricht der theoretischen Situation, in welcher sich die Durchführung der Vernunftkritik nach der transzendentalen Elementarlehre befindet. (Im Gedankenexperiment des vierten Kapitels entspräche dies der Stufe 2). Es sind Rechtfertigungskriterien dafür aufgefunden, dass überhaupt gewisse a priorische Urteile auf die Erscheinungswelt bezogen werden dürfen, aber noch nicht gezeigt, wie, nach welcher Methode, vorgegangen werden muss, um diese auch zu *konkreten* Erkenntnissen über die Welt zu führen.

Die Aufgabe ist also doppelt: Es geht darum, eine allgemeine Regel, z. B. die des allgemeinen Kausalprinzips, richtig anzuwenden und umgekehrt für die Vielzahl der einzelnen Geschehnisse allgemeine Regeln, etwa die Naturgesetze, zu finden.

Hieraus ergibt sich die Anleitung für das Verfahren der Wissenschaft in dreifacher Hinsicht: Erstens: unter der unendlichen Vielzahl an Erscheinungen die relevanten Phänomene aufzufinden, welche die Basis für eine wissenschaftliche Theorie bilden können. Zweitens: eine solche Theorie auf der Basis der Phänomene auch auszubilden. Und drittens: in der Theorie und deren phänomenaler Basis nach Vollständigkeit und Einheitlichkeit zu streben.

Die experimentelle Methode

Im Unterschied zu unserer Alltagserfahrung geht das wissenschaftliche Erkennen *systematisch* und *gezielt* vor. Zwar erwerben wir auch im Alltag ständig neues Wissen, indem wir auf uns unbekannte Phänomene stoßen oder bekannte Phänomene in einem neuen Zusammenhang deuten, aber dieser Wissenserwerb verdankt sich in der Hauptsache dem Zufall oder dem praktischen Nutzen. Erst wenn wir gezielt unser Wissen prüfen oder vervollständigen, bewegen wir uns im Bereich der Wissenschaft und erhalten die Chance, auch zu einem umfassenden und einheitlichen (und nicht nur partikularen) Weltverständnis zu gelangen. Hierzu muss allerdings nach der Idee einer allgemeinen Systematizität bereits ein Plan vorgezeichnet sein, unter welchem die entsprechenden Phänomene gesucht und in den hinein sie dann gedeutet werden können. Denn die Vernunft sieht nur das ein,

> *was sie selbst nach ihrem Entwurfe hervorbringt. [Sie muss] die Natur nöthigen, auf ihre Fragen zu antworten […], denn sonst hängen zufällige, nach keinem vorher entworfenen Plane gemachte Beobachtungen gar nicht in einem nothwendigen Gesetze zusammen, welches doch die Vernunft sucht und bedarf.* (KrV, B xiii)

Ohne einen solchen Plan würden wir wie blind vor den Erscheinungen stehen. Andererseits jedoch darf dieser Plan nicht starr sein; denn sonst würde er nur das anerkennen, was in ihm bereits inhaltlich vorgezeichnet ist. Sondern er muss flexibel genug sein, um unerwartete Phänomene integrieren zu können und – wo dies nicht möglich ist – sich selbst um dieser neuen Phänomene willen zu modifizieren. Demnach braucht er ein systematisches Kriterium dafür, was überhaupt als Wissen anerkannt werden kann.

Nun ist nach dem Vorangegangenen klar, dass dieser Plan nichts anderes ist als die Idee der Natur in der Form möglicher Erfahrung, mit dem Grundkriterium der Gültigkeit des allgemeinen Kausalprinzips und dem Postulat des Bestehens der gesuchten empirischen Kausalgesetze.

Das Verfahren der beschriebenen wissenschaftlich-empirischen Erkenntniserweiterung ist das **Experiment**. Im Experiment wird die Natur genötigt, auf Fragen zu antworten, da hier gezielt Bedingungen geschaffen werden, bei welchen sich fehlende Elemente in Ursache-Wirkungsrelationen zeigen sollen. Hierdurch ergibt sich ein Wechselspiel zwischen allgemeinster Vernunftvorgabe, einem nach ihr schon konkretisierten Plan und der nach diesem geführten Experimentalforschung:

> *Die Vernunft muß mit ihren Principien, nach denen allein übereinkommende Erscheinungen für Gesetze gelten können, in einer Hand, und mit dem Experiment, das sie nach jenen ausdachte, in der anderen an die Natur gehen, zwar um von ihr belehrt zu werden, aber nicht in der Qualität eines Schülers, der sich alles vorsagen läßt, was der Lehrer will, sondern eines bestallten Richters, der die Zeugen nöthigt auf die Fragen zu antworten, die er ihnen vorlegt.* (ebd.)

Vernunft und Empirie gehen bei der Erkenntnisgewinnung Hand in Hand. Das Experiment, das einst Galilei so erfolgreich in die Wissenschaft eingeführt hat, zeigt die unbekannten Erscheinungen. Welches aber sind die Prinzipien, nach denen diese für Gesetze gelten können?

Die Naturgesetze als Gesetze der Erfahrung

Was durch die experimentelle Methode aufgefunden werden soll, sind die empirischen Kausalgesetze. Durch sie lassen sich einzelne Ereignisse erklären, indem man sie als Fälle der empirischen Naturgesetze versteht. Andererseits sind auch die empirischen Naturgesetze Fälle des noch allgemeineren generellen Kausalprinzips. Nur weil gilt, dass *alles* Geschehen eine Ursache hat, auf die es „nach einer Regel folgt“ (KrV, A 189; allgemeines Kausalprinzip), kann gelten: Materie zieht sich nach bestimmten Gesetzen an (empirisches Naturgesetz). Und nur deswegen kann man wiederum den Fall eines bestimmten Steins auf der Erde als Wirkung dieser Anziehung nach bestimmten Gesetzen berechnen, bzw. erklären, weshalb dieser zur Erde fällt.

Die Beziehung zwischen der einzelnen Erscheinung und der Vielfalt von Erscheinungen gleichen Typs, welche sich unter dem empirischen Naturgesetz beschreiben lassen, hat auf subjektiver Seite seine Entsprechung in einer Unterscheidung, welche Kant wiederum als eine Differenzierung von Urteilstypen einführt. Kant unterscheidet *Wahrnehmungsurteile*, die nur privat-individuell subjektive Gültigkeit haben, von *Erfahrungsurteilen*, die „objective Gültigkeit haben“ (Prol., iv 298). Der Unterschied liegt darin, dass wir im Erfahrungsurteil eine Kausalbeziehung aussprechen. Sagen wir: es dämmert und der Wind weht, so müssen diese Ereignisse nicht zusammenhängen und können Berichte über Privatvorstellungen sein. Wenn wir jedoch sagen, dass „Morgenwind“ aufkommt, so behaupten wir, dass der Wind *durch* die Tageszeitveränderung verursacht wurde. Den darin enthaltenen Zusammenhang zwischen Dämmerung und Wind können wir nicht wahrnehmen; wir denken ihn. Mit ihm behaupten wir zugleich, dass bei bestimmten Wetterlagen in dieser Gegend stets morgens Wind aufkommt. Und dadurch, dass wir darin etwas Allgemeines behaupten, nämlich dass das konkrete Phänomen der Fall eines allgemeinen Gesetzes sei, wird das Urteil kritikfähig. Es könnte jemand behaupten, dass der Wind heute durch etwas anderes verursacht worden sei, in etwa durch ein Tiefdruckgebiet. Wenn wir demgemäß ein Wahrnehmungsurteil in ein Erfahrungsurteil umwandeln, geben wir diesem

> *eine neue Beziehung, nämlich auf ein* **Object** *und wollen, daß es […] für jedermann gültig sein solle; denn wenn ein Urtheil mit einem Gegenstande übereinstimmt, so müssen alle Urtheile über denselben Gegenstand auch unter einander übereinstimmen.* (Prol., iv 298)

Der Ausdruck der **Objektivität** ist bei Kant demnach nicht mit dem einer Existenz außer uns, gar unabhängig von uns gleichzusetzen. Die bloße Welt der Erscheinungen (Stufe drei des Gedankenexperiments in Kapitel 4) ist nach Kants Wortgebrauch nicht „objektiv“. Sondern objektiv sind *gedeutete* Erscheinungen; Erscheinungen, sofern sie als etwas (nämlich als Natur) angesehen werden, das an ihnen selbst gar nicht sichtbar ist.

In der letzten Forderung ist noch ein zweiter Anspruch enthalten, den Kant an Erfahrungsurteile hat: für sie muss nicht nur gelten, dass alle, die über dieses Ereignis urteilen, dasselbe urteilen können, sondern auch, dass es keine sonstigen Urteile gibt, welche sich im Widerspruch zu diesem Urteil befinden. Erfahrung muss insgesamt kohärent sein. Es kann nicht sein, dass Sätze über objektive sinnliche Geschehnisse im Widerspruch zueinander stehen. Tun sie dies, dann hat entweder einer der Sätze seinen Objektivitätsanspruch zu Unrecht, oder die kausal-logische Beziehung, durch welche der Widerspruch zustande kommt, muss revidiert werden. Der Forscher, der eine neue Eigenschaft an einem Gegenstand wahrnimmt, täuscht sich entweder oder die bestehende Theorie über diese Art von Gegenständen muss geändert bzw. ergänzt werden. Erfahrung von Widersprüchlichem kann es nicht geben.

Wenn es nun Erfahrungssätze gibt, die den Anspruch auf objektive Gültigkeit haben, so können sie dies nur, weil ihnen bereits der Grundsatz der Kausalität zugrunde liegt. Erst dadurch, dass wir die einzelnen Wahrnehmungen mittels des Kausalgrundsatzes zueinander in Beziehung setzen, entsteht Erfahrung von so etwas wie einer objektiven Welt. Das heißt: diese objektive Welt entsteht als die neue Sinnebene des Menschheitswissens von den sichtbaren Dingen als Erfahrung von ihnen. Erfahrung bedeutet nicht persönliche Lebenserfahrung, sondern eine einheitliche gemeinschaftliche Kenntnis von der Welt, in welche jedermanns Wahrnehmungen eingehen können, wenn sie nur den anderen nicht widersprechen. Persönliche Erfahrungen sind nur die individuellen Ausschnitte aus der Erfahrung überhaupt gemäß den individuellen, von Mensch zu Mensch verschiedenen Wahrnehmungen. So kann Kant sagen:

> *Es ist nur <u>eine</u> Erfahrung, in welcher alle Wahrnehmungen als im durchgängigen und gesetzmäßigen Zusammenhange vorgestellt werden [...]. Wenn man von verschiedenen Erfahrungen spricht, so sind es nur so viel Wahrnehmungen, so fern solche zu einer und derselben allgemeinen Erfahrung gehören.* (KrV, A 110)

Das regulative Prinzip der Vernunftideen

Die Ideen der Vernunft als Begriffe, in denen eine Ganzheit und Einheit gedacht wird, welche in der Anschauung niemals gegeben werden kann, haben eine positive Funktion: sie leiten die Erfahrung auf eine solche Ganzheit und Einheit hin. Durch ihre Ideen gibt die Vernunft dem Verstand gewissermaßen einen Ausblick auf eine Vollständigkeit und Einheitlichkeit des Wissens, die zwar unerreichbar ist, die diesem jedoch zur Handlungsorientierung der Forschung dienen kann. Diesen *methodischen* Aspekt der Vernunftideen nennt Kant „**das regulative Princip der Vernunft**" (KrV, B 582). Auf die Idee der *Welt* als einer Bedingungstotalität bezogen, lässt sich beispielsweise zeigen, wie diese zur Leitidee für den Verstand wird, „den Regressus in der Reihe der Bedingungen zu einem gegebenen Bedingten anzustellen und fortzusetzen" (KrV, B 536). D.h., wo jede Bedingung ihrerseits eine Bedingung hat, führt der Versuch, eine letzte Bedingung zu finden, zu einem unendlichen Rückgang (Regress) von einer Bedingung zur nächsten. Vor diesem Sachverhalt ließe sich resignieren, da ja kein Ende abzusehen ist. Hiergegen greift das regulative Prinzip der Vernunft. Denn wo Bedingungstotalität in der Sache nicht **gegeben** sein kann, kann doch die maximale Erweiterung der Bedingungserkenntnis durch die Leitidee der Vernunft **aufgegeben** sein. Als solches Prinzip bestimmt sie nicht unmittelbar die Erkenntnisgegenstände, sondern das Verfahren, empirische Erkenntnis über sie zu erreichen. Die Vernunftregel sagt nicht, „was das Object sei, sondern wie der empirische Regressus anzustellen sei, um zu dem vollständigen Begriffe des Objects zu gelangen" (KrV, B 538).

In der Idee der Welt als Totalität der Erscheinungen liegt etwa die Aufforderung, die Welt so zu denken, *als ob* sie vollständig sein könnte, d. h. *als ob* die Reihe ihrer Bedingungen tatsächlich vollständig gegeben wäre. **Das Als-ob** ist damit eine wichtige Formulierung, mit welcher Kant den Status dieser Vernunftideen charakterisiert.

Nun lag in der Idee der Vollständigkeit der Welt jedoch folgende Antinomie: Vollständigkeit kann zugleich Begrenztheit und Unbegrenztheit bedeuten: Hieraus folgt aber positiv die fruchtbare Anleitung für die Forschung, dass wir „in der Erklärung gegebener Erscheinungen [verfahren sollen] so, *als ob* die Reihe an sich unendlich" (KrV, B 713) und zugleich so, *als ob* sie endlich wäre. Dies entspricht der merkwürdigen Aufforderung, die Welt sowohl gemäß der Thesen als auch gemäß der Antithesen als vollständig zu denken. Was daraus resultiert, ist ein dialektischer Prozess, der die Forschung antreibt und für manche Bereiche der Wissenschaftsgeschichte ein erstaunlich präzises Muster zur Erklärung des realen Forschungsverlaufs der letzten Jahrhunderte bietet. Zwei Beispiele: Die Frage nach einem zeitlichen Anfang der Welt (erste Antinomie), führte in die Antinomie, dass es einen Weltanfang nicht geben könne und doch geben müsse (vgl. Kapitel 5). Eben dies treibt die Forschung an, einen solchen zu suchen und jede Erklärung eines absoluten Anfangs auch wieder zu verwerfen. Die Urknalltheorie ist hierfür ein typisches Beispiel, denn sie setzt einen Anfangspunkt, mit dem sich die Vernunft doch nicht zufriedengeben kann. Die Fragen nach neuer Begründung, in etwa, was zeitlich vor dem Urknall gewesen sei, oder wodurch dieser seinerseits verursacht wurde, lassen sich nicht zum Schweigen bringen, da sie vernunfteigen sind. Sie treiben daher die Forschung weiter über die bisherigen, stets als vorläufig aufzufassenden Grenzen ihrer eigenen Theoriebildung hinaus. Desgleichen führt die Frage, ob es kleinste Materieteilchen geben müsse, gemäß der zweiten Antinomie zur Annahme und Verwerfung dieser These zugleich. Trotz der Aufdeckung des Scheins und der Klarstellung, dass es unter der Voraussetzung des transzendentalen Idealismus weder ein kleinstes Teilchen noch eine unendliche Teilbarkeit der Materie geben könne, spornt die darin enthaltene Vollständigkeitsidee den Forschungsprozess an. Aus der Theorie eines Unteilbaren (griechisch: *atomos*) entwickelte sich ein Modell der Atome aus zwei Gliedern (Kern und Schale), deren Elemente ihrerseits je zeitweilig für unteilbar gehalten wurden, bis sukzessive immer neue subatomare Aufbauelemente entdeckt wurden, welche ihrerseits nur darauf warten, in weitere Bestandteile aufgeteilt zu werden.

Im regulativen Prinzip der Vernunft liegt zugleich eine Aufforderung. Die Vernunft *soll* sich ihren Ideen der Ganzheit usw. gegenüber nicht gleichgültig verhalten, sondern diesen nahekommen. Sie soll nicht denken, dass die Welt eine Grenze habe, sondern den forschenden Verstand auf die Grenzen seiner gegenwärtigen Weltauffassung zutreiben. Die richtig verstandene Vernunftidee der Welt soll die Wissenschaft von der Natur dadurch leiten, dass sie diese ansieht, *als ob* sie eine Ganzheit wäre. Da die Idee der Ganzheit aber in die Widersprüche der Antinomie führt, ist diese Leitidee auch eine doppelte, welche in ihren gegenläufigen Tendenzen die Wissenschaft in Gang hält. So führt die Ansicht, die Welt sei zeitlich begrenzt, zur Suche nach ihrem zeitlichen Anfang, die Ansicht hingegen, sie sei unbegrenzt, führt die Suche hinter alle Anfänge weiter. Würden Grenzen gefunden und lediglich akzeptiert werden, so wäre der wissenschaftliche Antrieb befriedigt. Würde die Vernunft annehmen, alles sei unbegrenzt, so gäbe es für die Forschung Grund zu resignieren. So jedoch wird die Forschung ins Unabsehbare weiter getrieben.

Mit der experimentellen Methode, der Systematizität nach empirischen Kausalgesetzen und den regulativen Ideen finden sich genau die drei Erkenntnisvermögen im präzisen Zusammenspiel wissenschaftlichen Verfahrens wieder, welche Gegenstand der fundamentalen Untersuchungen zur Möglichkeit von Erkenntnis überhaupt waren: Die experimentelle Methode bedient die Sinnlichkeit und gibt das empirische Material, die Systematizität der Natur wird durch die Gesetzgebung des Verstandes gestiftet und die Vernunft gibt über die Vollständigkeitsideen die Leitlinien der Forschung vor.

Zentrale Stellen

Prol., iv 297–302 (Lehre von den Wahrnehmungsurteilen); KrV B 536–544 (= Regulatives Prinzip der reinen Vernunft) und B 736–822 (= Die Disziplin der reinen Vernunft).

Literatur

Bernhard Thöle, *Kant und das Problem der Gesetzmäßigkeit der Natur*. Berlin, 1991.

Karen Gloy, *Die Kantische Theorie der Naturwissenschaft*. Eine Strukturanalyse ihrer Möglichkeit, ihres Umfangs und ihrer Grenzen. Berlin und New York, 1976.

Eric Watkins, *Kant and the Sciences*. Oxford, 2001.

7

Sind wir frei?

Leitbegriffe

Sollen, Determinismus, transzendentale Freiheit, intelligibel

Für die Theorie des Praktischen, d. h., des Handelns und der Moral, gilt es zunächst den Schlüsselbegriff der Freiheit zu klären. Ohne Freiheit scheint kein Handeln verständlich und keine Moral möglich zu sein. Aber Freiheit scheint zugleich dem Naturbegriff zu widersprechen und selbst unmöglich zu sein. Kant zeigt, wie Freiheit dennoch möglich ist, wenn die Grundunterscheidung des transzendentalen Idealismus, die Differenz zwischen Dingen an sich und Erscheinungen berücksichtigt wird.

Das Determinismusproblem

Unter dem merkwürdigen Phänomen der Selbsttäuschung der Vernunft taucht auch die Frage nach der menschlichen Freiheit auf. Doch hat sie im Gegensatz zu den anderen rein dialektischen Problemen eine viel weitreichendere Bedeutung: sie betrifft nicht nur theoretische Fragen, sondern unmittelbar unser Handeln und mit ihm die gesamte normative (wertende) Perspektive, die zu ihm gehört. Denn wir sehen nicht nur, wie wir und andere handeln und versuchen dies gegebenenfalls zu erklären, sondern wir *beurteilen* Handeln auch: Wir werfen uns vor, Fehler gemacht, oder versagt zu haben. Wir sind stolz auf das Erreichte. Wir loben das gute Werk und bewundern die Redlichkeit des Ehrlichen. Wir verurteilen das Verbrechen und bestrafen den Täter. All diese Wertungen sind von ganz anderer Art als in etwa die Erklärungen, weshalb jemand etwas tat.

Doch stellt sich die Frage: Werten wir mit Berechtigung oder sitzen wir mit unseren normativen Urteilen einer Täuschung auf? Hätte der

Verbrecher, dem wir sie vorwerfen, die Tat auch unterlassen können, oder gilt, wie schon Platon meinte: niemand ist freiwillig böse? Und gälte dann nicht auch umgekehrt: niemand ist freiwillig gut? Wurde der Held nicht lediglich durch seine Erziehung und die gegebenen Umstände zu seiner Heldentat getrieben? Weshalb sollten wir ihn dann dafür loben?

Wie kommt dieses Problem zustande? Gerade das wichtige Resultat der transzendentalen Analytik, dass das Kausalprinzip uneingeschränkt gelte, hat gravierende Folgen in Hinsicht auf unsere Auffassung von menschlichen Handlungen: es bleibt darin in einer entscheidenden Hinsicht kein Platz für die Freiheit. Wenn für alle Ereignisse gilt, dass sie mit ihren natürlichen Vorbedingungen gesetzlich verknüpft sind und sich aus diesen vollständig erklären lassen, dann legen umgekehrt jeweils die Bedingungen der Vergangenheit die Ereignisse der Zukunft unausweichlich fest. Für menschliche Handlungen fordern wir jedoch, dass wir selbst darin frei sind, zu entscheiden, welche Handlung wir ausführen und welche wir unterlassen und dass wir zudem dieser Entscheidung gemäß dann auch die Handlung ausführen oder unterlassen können.

Hinzu kommt, dass unsere Wertungen auf diesem Prinzip aufbauen: wer nicht anders kann, den kann man nicht sinnvoll loben oder tadeln für das, was er tut; dem kann man auch nicht sinnvoll moralische Vorschriften machen, die ihm sagen, was er tun *soll*. Es wäre so sinnlos, als würden wir den Ziegel, der vom Dach fällt, weil er der Schwerkraft folgt, dafür tadeln, oder ihm gebieten, er solle dies nicht tun. „Das **Sollen**", beschreibt Kant diesen Tatbestand treffend, kommt „in der ganzen Natur [...] nicht vor" (KrV, B 575). Und weiter:

> *Der Verstand kann von dieser nur erkennen, was da ist oder gewesen ist, oder sein wird. Es ist unmöglich, daß etwas darin anders sein soll [...]. Das Sollen, wenn man bloß den Lauf der Natur vor Augen hat, hat ganz und gar keine Bedeutung.* (ebd.)

Die Festgelegtheit, insbesondere zukünftigen Geschehens heißt allgemein **Determinismus**; insofern ihr Grund die Naturgesetzlichkeit ist, spricht man von *Natur*determinismus. Und insofern darin ein Problem für die menschliche Freiheit liegt, vom Determinismusproblem. Zu Kants Zeiten hatte sich diese Terminologie noch nicht herausgebildet. Kant selbst nennt den Naturdeterminismus „Naturmechanismus" (KpV, v 102) oder „Naturnothwendigkeit" (Prol., iv 344) und spricht ansonsten vom „Widerspruch zwischen Naturmechanismus und Freiheit" (KpV, v 97), wo wir heute vom „Determinismusproblem" sprechen.

Es gibt demnach zwei Prinzipien, eines der Natur und eines der Moral, die nicht zusammen bestehen zu können scheinen. Andererseits aber kann man nicht auf sie verzichten. Man kann, sagt Kant, „ebenso wenig den Begriff der Natur als den der Freiheit aufgeben“ (GMS, iv 456). Kants Konsequenz ist, dass man voraussetzen müsse, dass „kein wahrer Widerspruch zwischen Freiheit und Naturnothwendigkeit“ (ebd.) bestehe. Deswegen muss es Aufgabe der Philosophie sein, diesen „Scheinwiderspruch wenigstens auf überzeugende Art“ (ebd.) aufzuheben.

Da die Dialektik der Vernunft sich als der Ort erwiesen hat, in welchem Schein entsteht, ist auch die „Transzendentale Dialektik“ der Ort, an dem Kant die Untersuchung zum Problem von Natur und Freiheit zunächst postiert. Des Näheren ist es die sogenannte dritte Antinomie der reinen Vernunft, welche zum Schauplatz des Kampfes zwischen Natur und Freiheit wird.

Der systematische Ort des Freiheitsproblems: die 3. Antinomie der reinen Vernunft

Dass das Freiheitsproblem zur Vernunftantinomie gehört, mag verwundern und durchaus Systemzwängen geschuldet sein, welchen Kant beim Aufbau seiner Schriften immer wieder unterlag – war doch die Antinomie ein Vernunftkonflikt auf der Basis eines vergegenständlichten *Welt*begriffs. So passt auch nur die formale Problemkonzeption in den Aufbau des Antinomienkapitels, während die von Kant vorgetragene Lösung diesen bei weitem sprengt.

Formal entsteht durch die Vernunfttendenz, das Ganze zu denken, eine Antinomie hinsichtlich der Vollständigkeit der *kausalen* Bedingungen von Ereignissen. Denn da diese immer zeitlich frühere Bedingungen als ihre Ursachen haben, dasselbe aber für diese Ursachen gilt, entsteht ein Regress, bei welchem wie in den Fragen nach einem zeitlichen Anfang oder einer räumlichen Grenze der Welt (zweite Antinomie) es sowohl unmöglich scheint, dass dieser Regress sich unendlich fortsetzt, als auch, dass er an einem Anfangspunkt endet (vgl. Kapitel 5). Ein solcher Anfangspunkt wäre eine Ursache, die nicht ihrerseits durch weitere Ereignisse verursacht würde – also selbst ursprünglich verursachend wäre. In der kosmologischen Dimension des Problemaufbaus entspräche dies der Vorstellung einer ersten Ursache, welche den Weltprozess in Gang gesetzt hätte, der danach von selbst weiterlief. Der Typus einer solchen ersten Ursache findet sich in den Schöpfungsmythen vieler Religionen. Auf das Freiheitsproblem bezogen, zeigt sich in der Idee dieser ersten Ursache genau die Art von Verursachung, die freien Handlungen unterstellt werden muss: sie wirken ohne selbst (vollständig) durch Naturbedingungen verursacht zu sein. Im Kern einer jeden freien Handlung, die diesen Namen verdient und deswegen auch Objekt von moralischen und sonstigen Bewertungen werden kann, muss demnach eine Ursache sein, die selbst nicht empirisch verursacht, sondern eine echte Erstursache ist. Sie ist „das Vermögen, einen Zustand von selbst anzufangen" (KrV, B 561). Eine solche Ursache nennt Kant **„transcendentale Freiheit"** (KrV, B 474). Transzendental, weil sie die notwendige Bedingung der Möglichkeit von Freiheit, in welcher Gestalt sie auch immer auftreten mag, überhaupt ist.

Im Gegensatz zu einem ersten Anstoß des gesamten Weltprozesses setzen unsere Handlungen, welche wir unter diesem Typus von Freiheit denken müssen, wenn wir uns überhaupt für frei halten wollen, mitten im Lauf der Welt an. Aber auch freie menschliche Handlungen fangen „eine Reihe von Erscheinungen, die nach Naturgesetzen läuft, von selbst an" (ebd.). Unser Handeln, sofern es frei ist, setzt einen kausalen Anfangspunkt im Weltablauf, von dem aus die Folgen dieses Handelns dann naturmechanisch weiterlaufen. Wie also soll dies möglich sein, ohne zugleich das Naturprinzip aufzugeben?

Kants Problemlösung

Für die Auflösung dieses Problems greift Kant auf die Grundunterscheidung des transzendentalen Idealismus zurück, mit welcher er ja bereits seine Wahrnehmungstheorie begründet hat (vgl. Kapitel 2): auf die Unterscheidung von Erscheinungen und Dingen an sich, nach welcher den Erscheinungen, den Gegenständen der Sinnlichkeit, Dinge an sich, die selbst nicht erscheinen, zugrunde liegen.

Diese Struktur lässt sich für das Freiheitsproblem fruchtbar machen. Denn hier ist ja gleichfalls eine Ursache für Erscheinungen gesucht, welche selbst nicht Erscheinung ist. Damit lässt sich schon formal denjenigen Gegenständen, die die Eigenschaft transzendentaler Freiheit besitzen, eine Gegenstandsklasse zuordnen: sie müssen nicht-sinnlich, also etwas Geistiges oder **‚Intelligibles'** sein. Unter einem ‚intelligiblen Gegenstand' versteht Kant demnach einen, der „an sich als [...] dem Verstande allein und gar nicht den Sinnen gegeben gedacht wird" (KrV,

B 313). Kant nennt solche Gegenstände auch ‚transzendentale Gegenstände' (KrV, B 506 Fn).

Auf dieser Basis stellt Kant folgenden Gedanken an:

> *Da [den Erscheinungen], weil sie an sich keine Dinge sind, ein transcendentaler Gegenstand zum Grunde liegen muß, der sie als bloße Vorstellungen bestimmt, so hindert nichts, daß wir diesem transcendentalen Gegenstande, außer der Eigenschaft, dadurch er erscheint, nicht auch eine Causalität beilegen sollten, die nicht Erscheinung ist, obgleich ihre Wirkung dennoch in der Erscheinung angetroffen wird.* (KrV, B 566 f.)

Ein solcher transzendentaler Gegenstand wäre damit zum einen die Ermöglichungsbedingung für Erscheinungen überhaupt und zum anderen auch ihrer Veränderungen als Wirkungen aus Freiheit. Er wäre verantwortlich dafür, dass etwas uns erscheinen könnte und dass dieses zudem Veränderung erführe. Ein solcher transzendentaler Gegenstand ließe sich zwar nicht erkennen, da wir nur Empirisches erkennen können, wohl aber *denken* und zwar genau in dieser freiheitsermöglichenden Funktion. Lässt sich etwas *denken*, das intelligibel ist und dennoch sensible Wirkungen hat, dann lässt sich somit auch denken, dass dieses zusammen mit der Natur gegeben sein kann. Damit wäre der entscheidende Schritt vollzogen. Denn einen intelligiblen Gegenstand als Ursache aus Freiheit denken zu können, entspricht genau der Aufgabe, einen Weg aus dem gedanklichen Dilemma zu finden, in das das Determinismusproblem führt. Kant führt aus, dass es

> *sich in der That nicht widerspreche, […] daß dieselbe Handlung, die, als zur Sinnenwelt gehörig, jederzeit sinnlich bedingt, d. i. mechanisch nothwendig ist, doch zugleich auch, als zur Causalität des handelnden Wesens, sofern es zur intelligibelen Welt gehörig ist [, gehörend], eine sinnlich unbedingte Causalität zum Grunde haben, mithin als frei gedacht werden könne.* (KpV, v 104)

Weil sinnliche Erscheinungen insgesamt kein Letztes sind, keine an-sich bestehende physikalische Welt bilden, sondern nach Maßgabe der transzendentalen Ästhetik und Analytik empirisch real *und* transzendental ideal sind (vgl. Kapitel 2), ist auch ihr Zusammenhang nach Kausalgesetzen, unter welchen sie sich als geschlossene Natur darstellen, kein Letztes. Es lässt sich gewissermaßen ‚unter' oder ‚in' dem geschlossenen empirischen Zusammenhang noch eine weitere Relation denken, die diesen erst bedingt, eine Relation des Geistigen (Intelligiblen) zum Sinnlichen. Eine solche Beziehung der Einwirkung vom Geistigen auf das Sinnliche fordern wir aber gerade, wenn wir menschliche Handlungen als frei denken. Denn dann denken wir diese als durch „die Causalität der Vernunft“ (GMS, iv 458) verursacht.

So passt der theoretische Ausdruck eines intelligiblen Gegenstands genau auf uns Menschen hinsichtlich unserer geistigen Seite. Lässt sich Freiheit als intelligible Ursache denken, dann lässt sie sich auch in uns als Vernunftwesen verorten.

Aspekte dieser Lösung

Ist dieses Ergebnis plausibel? Wenn doch die Behauptung war, „es ist keine Freiheit, sondern alles in der Welt geschieht lediglich nach Gesetzen der Natur“ (KrV, B 473), und diese auch weiterhin gelten soll, dann scheinen Ereignisse überdeterminiert, wenn wir für diese zudem eine Kausalität durch Freiheit annehmen. Und was für eine Freiheit wäre das, wenn diese nicht der Natur entgegenstünde, sondern mit ihr einherginge? Eine besondere Schwierigkeit seiner Behandlung des Determinismusproblems liegt darin, dass Kant eine Freiheit fordert, die zugleich gegen und mit der Natur ist; begrifflich scharf in der Unterscheidung zum Naturmechanismus entwickelt und doch sachlich mit diesem vereinbar.

Mit der Vereinbarkeit von Natur und Freiheit beansprucht Kant jedoch nicht, Freiheit als wirklich gegeben erwiesen zu haben. Die Möglichkeit bleibt offen, dass faktisch doch der Determinismus recht habe, alles zukünftige Geschehen vorherbestimmt sei und kein Platz für die Freiheit bliebe. Was Kant gezeigt hat, ist, dass umgekehrt der Naturdeterminismus nicht ausreicht, um Freiheit auszuschließen. Kants Auflösung der dritten Antinomie der reinen Vernunft beweist demnach die Nichtunmöglichkeit transzendental freier Handlungen unter der Voraussetzung eines gegebenen Naturdeterminismus.

Würden wir annehmen, wie es der natürlichen, außerphilosophischen Ansicht entspricht, die Dinge in der Welt wären *an sich* ebenso wie sie uns erscheinen, und für ebendiese würde das allgemeine Kausalprinzip gelten, dann gäbe es tatsächlich keinen Ausweg aus dem Naturdeterminismus: „Sind Erscheinungen Dinge an sich selbst, so ist Freiheit nicht zu retten“ (KrV, B 564), weil dann der logische Satz von der Gegebenheit aller Bedingungen zu einem Bedingten auch unmittelbar auf die Ereignisse der Welt und ihre Ursachen als ihre realen Bedingungen zuträfe. Man müsste dann entweder auf die Annahme des Naturdeterminismus verzichten und erhielte statt einer geordneten, verständlichen Natur eine unverstehbare Welt. Oder man müsste auf das Freiheitsprinzip verzichten und erhielte dann ein Zerrbild menschlichen Handelns, das maschinengleich abliefe. Also kann es eine Lösung nur auf der Basis des transzendentalen Idealismus geben.

Allerdings bedarf es zum Verständnis der Problemlösung Kants, welche Natur und Freiheit, jede in voller Bedeutung, etablieren möchte, der Einsicht, dass der Nachweis der Berechtigung beider Perspektiven gerade darauf basiert, dass intelligible Ursachen als Dinge an sich uns völlig verschlossen sind. Das heißt, wir sind allgemein zu denken berechtigt, dass diese oder jene, vielleicht gar alle Handlungen frei seien, aber wir können dies nicht im Sinne einer Tatsachenbehauptung verifizieren. Und gerade weil im Einzelfall nicht zu entscheiden ist, wie groß der Anteil des Intelligiblen in kausaler Hinsicht an den erscheinenden Wirkungen, das heißt, den körperlichen Handlungen des Menschen ist, ist es gestattet, eine Kausalbeziehung der Vernunft zur erscheinenden Welt zu denken. Und zwar zusätzlich zur Tatsache, dass wir zugleich die Ereignisse der Welt als einen geschlossenen Naturzusammenhang denken, der bloß mechanisch abläuft.

Wenn wir also berechtigt sind, Handlungen als transzendental freie zu denken, dann sind wir auch berechtigt, sie in dieser Perspektive unter normativen Begriffen zu beurteilen. Was als frei gedacht werden kann, kann so gedacht werden, als ob es sich anders habe verhalten können. Und eben dies ist die Bedingung dafür, dass etwas auch in der normativen Perspektive angesehen werden kann, in welcher es sinnvoll ist, zu fordern, dass etwas sich so oder so verhalten soll. Ohne den Erweis der Nichtunmöglichkeit transzendentaler Freiheit verlöre alle Moral ihre Berechtigung.

Zentrale Stellen

KrV, B 472–B 480 (= sogenannte 3. Antinomie) und B 560–B586 (= Auflösung der 3. Antinomie), Prol., iv 343–347 (= § 53), GMS, iv 446–463 (= 3. Abschnitt); KpV, v 42–57 (= „Von der Deduktion der Grundsätze der reinen praktischen Vernunft").

Literatur

Henry E. Allison, *Kant's Theory of Freedom*. Cambridge, 1990.

Stefan Gerlach, *Wie ist Freiheit möglich?* Eine Untersuchung über das Lösungspotential zum Determinismusproblem in Kants ‚Kritik der reinen Vernunft'. Tübingen, 2010.

Josef Schmucker, *Das Weltproblem in Kants Kritik der reinen Vernunft*. Kommentar und Strukturanalyse des ersten Buches und des zweiten Hauptstücks des zweiten Buches der transzendentalen Dialektik. Bonn, 1990.

8 Was ist Handeln?

Leitbegriffe

Begehrungsvermögen, praktische Vernunft, Neigung, praktische Freiheit, Mittel und Zwecke, Wille, hypothetische Imperative, Maximen, Glückseligkeit, Charakter

Handeln ist vernunftverursachtes Einwirken in den Lauf der Dinge nach der Vorstellung von Gesetzen. Mit dieser Konzeption etabliert Kant fast beiläufig eine wirkungsmächtige Handlungstheorie, die erklärt, wie wir rational nach Prinzipien und Einsicht in Regeln handeln können – was die Grundlage bildet für seine Moraltheorie der Vernunft.

Großen Philosophen gelingt gelegentlich das Kunststück, dass sie nebenbei Fragen beantworten, die sie gar nicht explizit gestellt haben, insbesondere solche, welche erst zu einer viel späteren Zeit ausdrückliche Themen der Wissenschaft werden.

Hierfür ist Kants Handlungstheorie ein glänzendes Beispiel. Innerhalb seiner praktischen Philosophie, welche primär die ethische Frage (*Wie* sollen wir handeln?) zu beantworten sucht und hierfür, wie gesehen, auch die Frage, ob die Freiheit menschlichen Handelns vorausgesetzt werden darf, beantworten muss, liefert Kant eine interessante Theorie zu der Frage, was überhaupt Handlungen seien und wie sie sich beschreiben lassen – Fragen, die innerhalb der Philosophie erst in der zweiten Hälfte des 20. Jahrhunderts explizit gestellt werden und zu deren Beantwortung vielfach auf die Vorarbeit Kants zurückgegriffen wird. Dabei liegt diese Frage systematisch nahe: will man die moralische Frage klären, welche Handlungen gut und richtig seien, dann muss zunächst einmal klar sein, was diese Handlungen überhaupt seien, die Gegenstand der Bewertung sind.

Handeln als praktisches Vernunftvermögen

Kant gebraucht den Ausdruck ‚Handeln' zunächst als Übersetzung des lateinischen *actio* im ganz weiten Sinne, wonach alles Handeln ist, von dem eine Wirkung ausgeht (in diesem Sinne ‚handelt' auch der Wind, der die Blätter von den Bäumen weht). Die spezifischen *menschlichen* Handlungen sieht Kant gleichfalls unter diesem Aspekt: unser Handeln bewirkt etwas. Das heißt, wir sind durch unser Handeln am Geschehen der Welt beteiligt und können uns insofern als die Ursachen unserer äußeren Handlungen und diese als unsere Wirkungen ansehen.

Die Frage ist nun: wie kommen unsere Handlungen zustande? Und wodurch unterscheiden sie sich von Naturereignissen? Historisch boten sich Kant hier wieder die zwei Alternativen von Empirismus und Rationalismus an: Die Empiristen sagten, unsere Handlungen seien emotional gesteuert. Der Verstand sei lediglich Magd der Sinne. Er diene einzig dazu, die Antriebe der Sinnlichkeit zu befriedigen helfen. Die Rationalisten hingegen bestanden darauf, dass es Einsichten der Vernunft sind, die Handlungen steuern. Wenn dem so ist, dann müsste die Vernunft aus sich selbst heraus einen Anstoß zum Handeln geben können; sie müsste selbst motivierend sein.

Kant versuchte auch hier, beide Auffassungen zu vereinigen. Sein zentraler Begriff ist der des **Begehrungsvermögens** als ein Vermögen, „durch seine Vorstellungen Ursache von der Wirklichkeit der Gegenstände dieser Vorstellungen zu sein" (KU, v 177 Fn). Man könnte es auch das ‚Handlungsvermögen' selbst nennen, denn treffender kann man die Grundstruktur des Handelns als einen Übergang von individuellen psychischen Gehalten zur physischen Welt kaum beschreiben. Welche Vorstellungen uns auch immer beim Handeln leiten: wenn wir handeln, ist es stets so, dass diese Vorstellungen auf welche Art auch immer das Handeln ihren Inhalten gemäß auf die Realisierung dieser Inhalte hinführen und dadurch zu Ursachen der Wirklichkeit dieser Inhalte werden.

Das Begehrungsvermögen kann nun, wie es den Vorstellungen des Empirismus entspricht, durch die Sinnlichkeit – oder aber alternativ, wie des dem rationalistischen Programm entspricht, durch die Vernunft selbst bestimmt werden. Kant konzipiert das Begehrungsvermögen (das er auch die „Willkür" (KrV, B 562) nennt) als Schnittstelle zwischen dem Sinnlichen und dem Intellektuellen als Bedingungen für Handlungen. Ist es die Vernunft, welche die Vorstellungen gibt, die zur Ursache ihrer eigenen Verwirklichung werden, so nennt Kant diese: **praktische Ver-**

nunft. In diesem Fall macht Vernunft unsere Handlungen wirklich und diese sind frei.

‚Praktische Vernunft' ist demnach nicht lediglich die theoretische Vernunft in Anwendung auf Fragen des Handelns. Sondern die praktische Vernunft ist selbst praktisch. Das heißt, sie selbst kann das Begehrungsvermögen zum Handeln bestimmen: „Praktische Vernunft [hat] es nicht mit Gegenständen, sie zu erkennen, sondern mit ihrem eigenen Vermögen, jene […] wirklich zu machen […] zu thun" (KpV, v 89).

Wird das Begehrungsvermögen hingegen von Empfindungen bestimmt, so spricht Kant von „**Neigung**" (GMS, iv 413 Fn.). Bei Handlungen aus Neigung spielt dann das Begehrungsvermögen selbst nur die Rolle einer Brücke zwischen den sinnlichen Antrieben (in uns) und den sinnlichen Wirkungen (außer uns). Damit lassen sich Handlungen aus Neigung fassen wie Naturereignisse, bei welchen ja auch sinnliche Ursachen sinnliche Wirkungen zeitigen. Demnach lässt sich sinnlich bedingtes Verhalten grundsätzlich nicht anders beschreiben als sonstige Naturvorkommnisse auch; menschliches Handeln ist darin tierischem Verhalten und unbelebtem Geschehen gleichgesetzt. Wer sich von Leidenschaften, Bedürfnissen und Vorstellungen des Angenehmen leiten lässt, handelt nicht frei. Er wird innerlich pathologisch genötigt, d. h., „durch Bewegursachen der Sinnlichkeit […] necessitiert" (KrV, B 562). Und in der Tat sprechen wir ja menschlichem Verhalten nicht nur dann die Freiheit und Verantwortlichkeit ab, wenn es auf Grund von äußerem, situativem Zwang objektiv keine Alternative zu ihm gibt, sondern auch, wenn es durch innere Umstände, sei es psychischen Zwang, sei es körperliche Einschränkungen, nicht anders verlaufen konnte, als es tatsächlich auch verlief.

Aber der Mensch zeichnet sich gegenüber dem Tier gerade dadurch aus, dass sein Begehrungsvermögen zwar auch, aber nicht ausschließlich sensibel ist. Er kann sich selbst von seiner inneren Nötigung durch die Natur distanzieren. Er ist frei,

> *weil Sinnlichkeit ihre [der Willkür] Handlung nicht nothwendig macht, sondern dem Menschen ein Vermögen beiwohnt, sich, unabhängig von der Nöthigung durch sinnliche Antriebe, von selbst zu bestimmen.* (ebd.)

Eben diese „Unabhängigkeit der Willkür von der Nöthigung durch Antriebe der Sinnlichkeit" (ebd.) ist die **praktische Freiheit**. Die Konkurrenz der theoretischen Freiheit zwischen dem Naturmechanismus und der Idee einer spontanen, hiervon unabhängigen Ursache wird so in das Innere des Menschen übertragen als Konkurrenz zwischen dessen sinnlichen (Natur-)Antrieben und dessen Vermögen, durch die praktische Vernunft selbst zu handeln. Und es ist klar: wäre die theoretische Freiheit nicht gegeben, dann wäre auch die praktische dahin. Denn dann würden die inneren sinnlichen Antriebe die Handlungen alternativlos notwendig machen. Deshalb ist die theoretische Freiheit die transzendentale Bedingung der praktischen.

Hypothetische Imperative

Die praktische Vernunft kann Handlungen entgegen oder auch in Ergänzung zu den sinnlichen Antrieben steuern. In Ergänzung so, dass die Vernunfteinsicht eine Handlung als geeignetes Mittel erkennen lässt, ein durch Neigungen anvisiertes Ziel zu erreichen. Diese Art instrumenteller Einsicht zur Erreichung einer bereits vorgegebenen Zielsetzung aus Neigung entspricht dem empiristischen Konzept der Vernunft als Magd der Sinnlichkeit. Wer etwa Hunger hat (sinnlicher Antrieb), dem wird essen das geeignete **Mittel** sein, den **Zweck**, satt zu werden, zu erreichen.

Dies lässt sich schematisch in einem formalen Schlussverfahren (Syllogismus) darstellen:

Obersatz:	Wer A möchte, muss B tun
Untersatz:	H möchte A
Schluss:	H tut B

Entscheidend für Kants Auffassung von Handlungen ist, dass Handeln im Gegensatz zum Naturgeschehen einhergeht mit dem Vernunftprozess der Ableitung der Handlung aus einer Regel bzw. einem Gesetz. Und dass diese Ableitung selbst die Handlung motivieren kann, dass also Vernunft selbst praktisch sein kann. H tut B demnach deshalb, weil er A möchte *und* weil er den praktischen Syllogismus auf die wirkliche Handlung hin abzuleiten versteht. So kommen auch hier rationalistische und empiristische Konzepte zusammen.

In der *Grundlegung* nennt Kant dieses handlungsmotivierende praktische Vernunftvermögen deshalb auch den **Willen**, bedeutungsgleich mit der Seite der praktischen Vernunft, die verantwortlich ist für den Übergang vom praxisbezüglichen Denken zum Handeln selbst:

Ein vernünftiges Wesen hat das Vermögen, nach der Vorstellung der Gesetze […] zu handeln, oder einen Willen. Da zur Ableitung der Handlungen von Gesetzen Vernunft erfordert wird, so ist der Wille nichts anderes als praktische Vernunft. (GMS, iv 412)

Die Regeln oder Gesetze, welche im Fall von Handlungen zur Befriedigung der sinnlichen Antriebe gebraucht werden, und welche die Form „wenn du A möchtest, musst du B tun, um A zu erreichen" haben, nennt Kant: **hypothetische Imperative**. Sie „stellen die praktische Nothwendigkeit einer möglichen Handlung als Mittel zu etwas anderem, was man will […], zu gelangen vor" (GMS, iv 414). Sie sind Imperative der grammatischen Form und ihrem Aufforderungsgehalt nach, denn sie gebieten: „Tue B!", bzw.: „Du sollst B tun!" Hypothetisch, das heißt, nur unter einer Bedingung gültig sind sie wegen ihres ersten Teils: „Wenn Du A willst, …". Sie gebieten also nicht schlechthin, etwas zu tun, sondern nur genau dann, wenn die Bedingung vorliegt. Kant nennt diese Vorschriften auch „Imperative der *Geschicklichkeit*" (GMS, iv 415), denn es ist eine Frage der Geschicklichkeit, zu wissen, mit welchen Mitteln man beliebige Zwecke erreichen kann. Geschickt ist, wer ein Ziel zu erreichen weiß. Ihre Art zu gebieten ist aber nicht letztnötigend: Jedem steht es frei, ihr Gebot zu überhören und sich ungeschickt zu verhalten.

Maximen und das Glück

Das beschriebene Modell rationaler Handlungen lässt sich auf beliebige kurzfristige Zwecke oder weit in die Zukunft gesetzte Ziele gleichermaßen anwenden: wer unmittelbar seinen Hunger stillen will, oder wer in ferner Zukunft berühmt sein möchte, für beide gilt: man muss die Mittel wissen, um die Ziele zu erreichen und man muss seine eigenen Handlungen als Mittel zu diesen Zwecken einzusetzen wissen.

Nun stellt sich allerdings die Frage, ob es zwischen der Vielfalt beliebiger Zwecke einen Zusammenhang gibt, so dass sich das je individuelle Leben nicht in eine disparate Vielfalt von Wünschen und Bedürfnissen zerstreut, sondern unter Aspekten der Einheit in einem Gesamtzusammenhang verstehbar wird. Solche Aspekte zeigen sich darin, dass nach Kants Auffassung Menschen erstens nach Grundsätzen und zweitens auf ein für alle gleiches Ziel hin handeln.

1) Nach Kant handeln Personen individuellen Prinzipien gemäß, welche den jeweiligen persönlichen Lebensleitfaden bilden, der dann auf

die jeweiligen Situationen hin abgeleitet werden muss. Solch „praktische Gesetze“, die zugleich „subjektive Grundsätze“ des Handelns sind, heißen: **Maximen** (KrV, B 840). Maximen sind weitgefasste Lebensführungsregeln wie die, immer auf die Gesundheit zu achten, niemanden zu betrügen, oder immer den eigenen Vorteil zum Ziel zu erheben. Sie garantieren die Beständigkeit des Charakters und die Berechenbarkeit der Person im sozialen Umgang auch unter sich ständig wandelnden sinnlichen Bedürfnissen und äußeren Situationen. Handeln, das Maximen folgt, hat demnach einen höheren Grad an Rationalität, als lediglich zweckrationales Handeln in Hinsicht auf unmittelbare Bedürfnisbefriedigung. Denn die „Vorstellung der Gesetze“ (GMS, iv 412), nach welchen sich Handeln vollzieht, erweitert sich hier um die der Maximen, welche auf die konkrete Situation hin abgeleitet werden müssen. So wird, wer isst, nicht nur geschickt seinen Hunger zu stillen wissen, sondern dies zudem in Übereinstimmung oder in Konkurrenz zu einer Maxime tun, etwa gesund oder auf Genuss hin ausgerichtet zu leben.

2) Zum anderen berücksichtigt Kant, dass der Vorstellung eigenen *Glücks* eine starke, lebensprägende Funktion zukommt. Die individuelle Lebensleitung hat in der persönlichen Glücksvorstellung einen festen Bezugspunkt, unter welchem sich in vielfacher Weise Pläne und Ziele in Hinsicht auf das übergeordnete Gesamtziel eigener **Glückseligkeit** ordnen. Diese ist „das Bewußtsein eines vernünftigen Wesens von der Annehmlichkeit des Lebens, die ununterbrochen sein ganzes Dasein begleitet“ (KpV, v 22), d. h., „die Befriedigung aller unserer Neigungen“ (KrV, B 834) in ihrer ganzen Vielfalt, Intensität und Dauer. Man kann, so Kant, „sicher voraussetzen“, dass wir, insofern wir nicht nur Vernunftwesen, sondern auch Naturwesen sind, allesamt „die Absicht auf *Glückseligkeit*“ (GMS, iv 415) haben. Demnach ist Glückseligkeit gleichfalls ein von Menschen sich selbst gesetzter Zweck, allerdings kein beliebiger, sondern ein notwendiger. Auch in Hinsicht auf ihn gilt es, die Mittel zu kennen und einzusetzen wissen, die ihm förderlich sind. War Geschicklichkeit die Fähigkeit, Mittel zu beliebigen Zwecken zu finden, so nennt Kant die „Geschicklichkeit in der Wahl der Mittel zu seinem eigenen größten Wohlsein“ (GMS, iv 416), also der Glückseligkeit, treffend *Klugheit*. Klugsein heißt zu wissen, was zu tun ist, um sein dauerhaftes (und eben nicht nur vorübergehendes) Wohlergehen zu fördern. Allerdings ist die Glückseligkeit nur eine Idee der Vernunft, gebildet als Totalitätsvorstellung des Angenehmen. Als solche ist sie nie zu er-

reichen, weil ihr analog zu den dialektischen Vernunftideen keine Wirklichkeit entsprechen kann. Als regulatives Prinzip dient sie allerdings dazu, unser Leben auf diese Idee hin zu organisieren und es maximal ihrer nie erreichbaren Verwirklichung entgegen zu leiten.

Handlungen und Naturereignisse

Kants Handlungskonzeption ist in mehrfacher Hinsicht in Kontrast zum Naturgeschehen gebildet. Sprachlich schon dadurch, dass der Begriff von ‚Handlungen' als Einwirkungen äußerer Art keine menschlichen Handlungen von sonstigen Ereignissen unterschied. Daher unterschied Kant zunächst freie Ursachen von denen, die empirisch waren und übertrug dies dann auf die Konkurrenz empirischer (Gefühls-)Ursachen zu intelligiblen Ursachen in freien Handlungen in uns.

Für Naturereignisse gilt das Kausalgesetz und es ist Kants Ansicht, dass ein solches auch für menschliche Handlungen gelten müsse: der Begriff der Einwirkung (Kausalität) führe bereits den von Gesetzen mit sich. Demnach ist „Freiheit, ob sie zwar nicht eine Eigenschaft des Willens nach Naturgesetzen ist, darum doch nicht gar gesetzlos, sondern muß vielmehr eine Causalität nach unwandelbaren Gesetzen, aber von besonderer Art sein" (GMS, iv 446). Hierdurch wird erklärlich, wie Normativität sich unmittelbar mit der Freiheit des Handelns verbindet.

Im Gegensatz zu den Naturgesetzen, nach denen sich die Naturgegenstände ausnahmslos verhalten *müssen*, ist es die besondere Art der praktischen Gesetze, dass sie ein *Sollen* vorschreiben, dem gemäß man sich verhalten kann, aber nicht muss. Und dies ist genau deshalb möglich, weil Handlungen nicht einfach so unter Imperative fallen, wie Naturgeschehnisse unter Naturgesetze. Diesen unterliegen alle Gegenstände ihres Geltungsbereichs ausnahmslos. Weil jedoch Handlungen nicht einfach nach Gesetzen ablaufen, sondern *nach der Vorstellung von Gesetzen,* können diese Gesetze auch von der Art der Imperative sein: Gesetze des Sollens. Wo es keine Vernunft gibt, die sich Gesetze vorstellen und nach diesen handeln kann, die also sinnvoller Adressat eines Sollens-Ausdrucks ist, dort hat das Sollen keinen Sinn. Nicht nur, weil die Natur keine alternativen Ereignisverläufe kennt, sondern auch, weil es in ihr kein Gesetzes*verstehen* gibt, hat das Sollen dort gar keine Bedeutung. Umgekehrt wird hierdurch bestätigt, dass Normativität, d.h. Bewertung und Vorschrift, der Freiheit bedarf. Durch diese gibt es die alternativen Kausalverläufe und, als intelligible (praktische) Vernunftursache, das Verstehen der Sollens-Regel.

Der praktischen Vernunft kommt damit eine doppelte Funktion zu: sie kann Handlungen verursachen. Darin ist sie bedeutungsgleich mit dem Ausdruck ‚Wille'. Da die praktische Vernunft jedoch auch dadurch praktisch ist, dass sie dies durch „die Vorstellung der Gesetze, d. i. nach Prinzipien" (GMS, iv 412) tut, haben diese Prinzipien mittelbar selbst die Funktion von Gründen für die Handlung. Denn die Vernunft kann sich von Prinzipien als Vernunftideen im Handeln leiten lassen. Daher kann Kant sagen, dass „Ideen der Vernunft" oder „Gründe der Vernunft" die Kausalität „in Ansehung der Handlungen des Menschen" bestimmen (KrV, B 578). Dabei treten bei Handlungen Vernunftgründe an die analoge Stelle von Ursachen im Naturgeschehen. Jedes Naturereignis hat seine Ursache und jede Handlung ihren Grund. Bei Handlungen sind die Gründe der Handlungen diejenigen Gründe, die der Handelnde selbst hatte – wenn Gründe der Vernunft die Handlungen bestimmen. Deswegen können wir Handlungen dadurch erklären, dass wir den Grund angeben, den jemand für diese Handlung hatte. Befragt, weshalb er gegessen habe, kann demnach der Hungrige im Beispiel angeben, dass er Hunger gehabt (sinnliche Neigung) und gedacht habe, etwas zu essen stille diesen (praktischer Vernunftgrund), oder dass er sich gemäß seiner Genuss-Maximen verhalten habe.

Charakter und Persönlichkeit

Kant hat den Kausalzusammenhang, unter welchem einzelne Dinge stehen, ihren **Charakter** genannt. „Jede Ursache [muss] einen Charakter haben, d. i. ein Gesetz ihrer Causalität, ohne welches sie gar nicht Ursache sein würde" (KrV, B 567). Man könnte dies modern ihre ‚Disposition' nennen, also die Art, wie sich Dinge regelmäßig unter bestimmten Bedingungen verhalten. So mag der Charakter (bzw. die Charakteristik) von Kristallvasen sein, zu zerbrechen, wenn sie auf den Steinboden fallen; und diesen Charakter haben Kristallvasen auch dann, wenn sie nie zu Boden fallen.

Mit der These von der Vereinbarkeit von Natur und Freiheit geht einher, dass es zwei Charaktere gibt, unter denen sich Ereignisse verstehen lassen: einen empirischen, der zeigt, wie sich etwas unter bestimmten Naturbedingungen verhält und einen intelligiblen, der sagt, wie sich etwas unter bestimmten Vernunftbedingungen verhält, sofern dieses Etwas eine Person ist, die die Fähigkeit hat, sich nach Vernunftgründen zu verhalten. Diese Charaktere erhalten dann auf menschliche Handlungen übertragen dieselbe Bedeutung, wie der alltagssprachliche Begriff vom Charakter einer Person: sein Temperament als seine psychische Naturanlage, auf wechselnde Bedingungen in bestimmter Weise zu reagieren und seine Persönlichkeit als seine Art, nach Vernunftgründen zu handeln.

Je mehr Bedingungen unseres Handelns wir betrachten, desto mehr scheint es, als würden diese auch zwangsläufig zur Handlung führen. Wir können ein sehr dichtes Bild der Erklärung zeichnen, weshalb jemand auf Grund seiner Herkunft, Erziehung, genetischen Veranlagung, sozialen Prägung innerhalb seiner allgemeinen Lebenssituation in dieser oder jener konkreten Situation so und nicht anders handelt. Dabei verfahren wir so, „wie überhaupt in Untersuchung der Reihe bestimmender Ursachen zu einer gegebenen Naturwirkung“ (KrV, B 582). Das heißt, in dieser Perspektive eines Beobachters betrachten wir die Handlung nicht anders als ein Naturereignis: mechanisch, d. h., als die kausal ableitbare Folge von natürlichen Bedingungen in einem Gegenstand von bestimmter Disposition. Konkret erklären wir die Handlungen so psychologisch als Reaktionen eines Akteurs von bestimmtem Temperament unter den gegebenen Umständen – und sein Temperament als Folge seiner genetischen Anlage, sozialen Prägung, Erziehung usw.

Doch obwohl es im empirischen Charakter so zu sein scheint, als sei die Handlung notwendige Folge all dieser Bedingungen, ist eine Stimme nicht zum Verstummen zu bringen, welche trotz allem fordert, dass eine bestimmte Handlung geschehen sollte, bzw. hätte geschehen sollen. Nach Kant ist diese Stimme nicht irrational, obwohl sie sich über alle natürlichen Erklärungen hinwegsetzt. Sondern es ist gerade die Stimme der Vernunftidee der Freiheit selbst, welche darlegt, dass Handlungen transzendental frei sind, d. h., dass sie unter allen gegebenen Umständen dennoch von selbst anfangen. Mehr noch: insofern wir selbst als intelligible Wesen notwendig die Vernunftidee der Freiheit nicht nur wie die anderen Vernunftideen erzeugen, sondern uns über unsere Intelligibilität mit ihr auch notwendig identifizieren, kommen wir nicht umhin, eigene und fremde Handlungen aus dieser Perspektive der Freiheit zu sehen. Demnach unterstellen wir die Möglichkeit transzendentaler Freiheit in allen Handlungen und sehen zugleich diese als die Ursache an, „welche das Verhalten des Menschen, unangesehen aller genannten empirischen Bedingungen, anders habe bestimmen können“ (KrV, B 583).

Im Einzelfall jedoch können wir niemals entscheiden, ob eine Handlung dem empirischen oder dem intelligiblen Charakter zugerechnet werden muss, ob sie dem Temperament oder der Persönlichkeit des Akteurs geschuldet ist, weil die unterstellte Intelligibilität an der Ursachenstelle freier Handlungen für einen Beobachter, ja selbst für den Handelnden in der Perspektive auf sich selbst, nicht wahrnehmbar ist. Nur so ist es möglich, dass sich Menschen regelmäßig virtuos für ihre Versäumnisse und Vergehen über das Zusammenkommen der Umstände und gegebenenfalls ihr unglückliches Naturell entschuldigen können (im empirischen Charakter) und sich dennoch für ihre Verdienste selbst verantwortlich zeichnen, indem sie sie (dem intelligiblem Charakter) ihrer Persönlichkeit zurechnen.

Zentrale Stellen

GMS, iv 412–419 (2. Abschnitt der GMS)
KrV, B 560–586 (Auflösung der 3. Antinomie).

Literatur

Gerold Prauss (Hg.), *Handlungstheorie und Transzendentalphilosophie*. Frankfurt/Main, 1986.

Klaus Steigleder, *Kants Moralphilosophie*. Die Selbstbezüglichkeit reiner praktischer Vernunft, Stuttgart und Weimar, 2002.

Marcus Willaschek, *Praktische Vernunft*. Die Theorie des Handelns und die handlungstheoretische Begründung der Moral bei Kant. Stuttgart, 1992.

9 Wie sollen wir handeln?

Leitbegriffe

Kategorischer Imperativ, Zweck an sich selbst, Autonomie, das Gute, Achtung, legal, moralisch, Pflicht, Glückswürdigkeit, Faktum der Vernunft

Moral entspricht der bedingungslosen Aufforderung, unsere privaten Regeln auf die Möglichkeit hin, für alle gültig zu sein, zu überprüfen. Dies ist äquivalent damit, Menschen als absolute Werte zu betrachten. Verpflichtet, dieser Aufforderung des Kategorischen Imperativs auch zu folgen, sind wir deswegen, weil die praktische Vernunft, für die er gilt, dieselbe ist, welche ihn gebietet. Als autonome Wesen sind wir der eigenen Gesetzgebung unterworfen.

Die eigentliche Frage des praktischen Interesses heißt aber: *Wie sollen wir handeln?* Gibt es gültige Maßstäbe, an denen wir unser Handeln orientieren können und nach denen wir es bewerten dürfen? Wie lauten diese und wie lassen sie sich begründen?

Im Gegensatz zur Frage der praktischen Geschicklichkeit, was man tun müsse, um diesen oder jenen Zweck zu erreichen, geht es hier um eine Frage, deren Beantwortung unabhängig sein soll von allen persönlichen Voraussetzungen. Richtig verstandene Moral muss nach Kant immer sicher sein, dass sie nicht zur nachträglichen Begründung und Rechtfertigung bereits vorhandener versteckter Motive dient. Sie muss deshalb absolut voraussetzungslos sein, unabhängig von allem, das sich nicht nur der Einzelne, sondern das sich überhaupt die Menschheit als Zweck vornehmen mag.

Damit eine solche Moral überhaupt sinnvoll sein kann, muss der Mensch das Vermögen haben, nicht nur aus instrumentellen Vernunfterwägungen in Ergänzung zu bereits gegebenen Neigungen, sondern unabhängig von aller Sinnlichkeit in Konkurrenz zu diesen zu handeln. Die Bestimmung der praktischen Vernunft als Vermögen, nach der Vorstellung von Gesetzen zu handeln, reicht hierfür aus. Allerdings dürfen diese Gesetze nun keine mehr sein, welche angeben, wie auf der Basis sinnlicher Bedürfnisse gehandelt werden soll, sondern solche, die schlichtweg unabhängig von allen vorgegebenen Bedingungen, das heißt kategorisch, gebieten. Die Imperative der Moral können daher nicht hypothetische sein, sondern es sind kategorische Imperative. Und da Kant der Ansicht ist, es gebe nur einen einzigen solchen, ist es **der Kategorische Imperativ**. Dieser stellt Handlungen daher nicht wie die hypothetischen Imperative als *für etwas*, sondern „als *an sich gut*" (GMS, iv 414) vor.

Dieser Kategorische Imperativ tritt in verschiedenen Gestalten auf, ist aber der Sache nach nur einer. Bei Kant finden sich für ihn eine ganze Reihe von Formulierungen; er selbst unterscheidet drei Hauptformeln.

Die Grundformel des Kategorischen Imperativs

> *Handle so, daß die Maxime deines Willens jederzeit zugleich als Princip einer allgemeinen Gesetzgebung gelten könne.* (KpV, v 30)

Es lohnt, sich diese Formel Wort für Wort zu verdeutlichen. Zunächst ist festzuhalten, dass der eigentlich imperativische Ausdruck auf dem Handeln liegt: *Handle*! Dies ist schon deswegen bemerkenswert, weil Kant gerne als Gesinnungsethiker angesehen wird. Das heißt, als jemand, der eine Ethik vertritt, bei welcher es entscheidend ist, welche inneren Prinzipien jemand befolgt – und nicht etwa, was für Folgen seine Handlungen in der Welt haben. Dies ist auch richtig, was die Geringschätzung der moralischen Relevanz der Handlungsfolgen und demgegenüber die Hochschätzung der Gesinnung als die spezifische Form der Motivation betrifft. Es darf aber nicht übersehen werden, dass der Gegenstand der moralischen Beurteilung und also auch der moralischen Aufforderung durch den Kategorischen Imperativ nur mittelbar die innere Haltung ist. Unmittelbar hingegen ist es das Handeln selbst. Die Aufforderung des Kategorischen Imperativs beinhaltet die Aufforderung, überhaupt zu handeln und nicht etwa mit redlichen Ansichten in Passivität zu verharren. Andererseits gebietet der Kategorische Imperativ auch keinen bloßen Aktionismus: „Handle *so* …" bedeutet, dass das Handeln von einer ganz bestimmten Art sein muss. In kürzester Form lautet der Kategorische Imperativ: „Handle moralisch!" Und ‚moralisch' heißt: so, dass der Wille sich nach *Maximen* richtet und diese wiederum einem bestimmten Kriterium genügen müssen. Dass der Wille (als das Kausalvermögen der praktischen Vernunft) sich überhaupt nach Maximen richten soll, ist schon keine Selbstverständlichkeit. Da Maximen subjektive, das heißt hier *individuelle* Handlungsgrundsätze sind, beinhaltet dies, dass sich Handlungen auf der Basis von Regeln und nicht etwa wandelbarer Launen vollziehen sollen. Und zwar von solchen Regeln, welche kontinuierliche, langfristige Leitlinien fürs Leben geben.

Zudem sollen Maximen nur von der Art sein, dass es möglich ist, dass nicht bloß ein jeweiliges Individuum sie für sich als Leitregel benutzt, sondern, dass sie als Leitregeln für alle, das heißt als Prinzipien für objektive *Gesetze* gelten können. Dass Kant ausdrücklich sagt: Maximen sollen als „*Prinzipien* für allgemeine Gesetze" gelten können und nicht direkt fordert, unsere Maximen sollen als allgemeine Gesetze fungieren können, ist dem Umstand geschuldet, dass Maximen nicht nur in dem Sinn individuell sind, dass sie *für uns* gelten, sondern auch in dem Sinn, dass sie sich inhaltlich unserer Individualität verdanken. Wer es sich zur Maxime macht, stets seine Zähne zu putzen, der muss zur moralischen Prüfung dieses Vorsatzes nicht denken, es müsse für alle eine Zähneputzpflicht geben. Aber er muss doch denken können, dass das darin enthaltene Prinzip, etwa seine Gesundheit zu wahren, als Gebot allgemein bindend *sein könnte*. Diese Formulierung wiederum, dass die Maxime als Prinzip einer allgemeinen Gesetzgebung ‚*gelten könne*' besagt, dass es nicht um die Forderung geht, meine persönliche Maxime solle wirklich Prinzip einer Gesetzgebung werden. Es geht also auch nicht darum, ob es eine allgemeine Verpflichtung zur Gesundheitsförderung geben soll. Sondern darum, ob eine solche Verpflichtung überhaupt möglich wäre. So kann das Zähneputzen aus dem Prinzip der Gesundheitsförderung moralisch bejaht werden, auch wenn man der Ansicht ist, es sei jedermanns eigene Sache, ob er seine Zähne putze oder nicht.

Zuletzt besagt diese Formulierung des Kategorischen Imperativs, dass dies *jederzeit zugleich* möglich sein müsse. Was heißt dies? Der Ausdruck ‚jederzeit' besagt: Die Kategorizität des moralischen Grundprinzips besteht nicht nur darin, dass es an keine Bedingungen geknüpft ist, sondern auch darin, dass es keine Ausnahmen gestattet. Als allgemeine Gesetzesprinzipien von nur temporärer Gültigkeit würden klarerweise die Maximen ihre Moralität verlieren. Die Formulierung ‚zugleich' betont nochmals, dass die Verallgemeinerung der Maximen nicht konkret angestrebt oder gefordert sein soll, sondern dass der logische Status der

Verallgemeinerungsfähigkeit zugleich mit der Maxime, auf welcher die Handlung basiert, bestehen können soll.

Der Kategorische Imperativ fordert nicht, dass individuelle Maximen zu Gesetzesprinzipien erhoben werden sollen, sondern dass sie es könnten, dass sie von ihrer sachlogischen Struktur so gestaltet sein müssen, dass dies möglich wäre. Demnach hat das Verallgemeinerungsprinzip als Testverfahren für die Moralität von Handlungen den Status eines Gedankenexperiments. Wer moralisch handeln will, und hierfür zur Klärung der Moralität seiner Lebensregeln den Kategorischen Imperativ gebraucht, muss prüfen, ob diese den Verallgemeinerungstest bestehen. Dies lässt sich an Kants Beispielen verdeutlichen.

Kants Beispiele

Wie funktioniert der Verallgemeinerungstest des Kategorischen Imperativs im Einzelnen? Kant gibt in der *Grundlegung* verschiedene Beispiele, die zeigen sollen, dass unmoralische Maximen so veranlagt sind, dass sie nicht als Grundlage einer allgemeinen Gesetzgebung dienen könnten. Besonders prägnant lässt sich dies an Kants Beispiel vom falschen Versprechen vorführen (GMS, iv 422). Ein falsches Versprechen geben heißt etwas versprechen, ohne die Absicht, das Versprechen auch einzuhalten. Dies kann nicht Grundlage einer allgemeinen Gesetzgebung werden, weil falsche Versprechen nur dadurch gegeben werden können, dass derjenige, dem versprochen wird, das Versprechen für ein aufrichtiges hält. Wüsste derjenige, dem versprochen wird, bereits, dass bei seinem Gegenüber keine Absicht vorliegt, das Versprechen auch einzuhalten, dann würde das ganze Verfahren des Versprechens hinfällig. Als ein Prinzip zu einer allgemeinen Gesetzgebung könnten Maximen, die falsche Versprechen gestatteten, daher nicht taugen, weil die soziale Praxis von Versprechen nicht mehr gegeben wäre. Das falsche Versprechen besteht demnach deswegen den Verallgemeinerungstest nicht, weil es, verallgemeinert, nicht mehr existieren würde. Demnach ist es unmoralisch, falsche Versprechen zu geben.

Ein zweites Beispiel ist das der Nicht-Moralität der Maxime, niemals etwas zum Wohlbefinden anderer beizutragen (GMS, iv 423). Der Widerspruch gründet darin, dass die Forderung, diese solle jederzeit gelten, ausnahmslos jede mögliche Situation umfasst, also auch solche, in denen ich selbst auf die Hilfe anderer angewiesen sein könnte. In der Maxime, niemals zu helfen in Not, wäre inbegriffen, dass niemand mir selbst hülfe in Not. Das aber kann ich zwar denken, aber unmöglich *wollen*, weswegen man sich die ursprüngliche Maxime auch nicht in verallgemeinerter Form zu eigen machen kann. Folglich besteht diese den moralischen Test nicht.

Der Aspekt, dass es hierbei darum geht, ob die Verallgemeinerung der Maxime gewollt (und nicht gedacht) werden kann, stellt unter den Voraussetzungen Kants keine Abweichung vom Grundgedanken dar. Gewollt werden kann nur, was auch gedacht werden kann, schließlich ist der Wille praktische Vernunft. Wir können nicht Undenkbares wollen. Dementsprechend ist die Denkbarkeit das stärkere Kriterium. In der *Grundlegung* lautet die entsprechende Formel:

> *Handle nur nach derjenigen Maxime, durch die du zugleich wollen kannst, daß sie ein allgemeines Gesetz werde.* (GMS, iv 421)

Was verallgemeinert nicht einmal gedacht werden kann, wie das falsche Versprechen, begründet strenge Pflichten, was hingegen zwar gedacht, aber nicht gewollt werden kann, wie der allgemeine Verzicht auf Hilfe in Not, sogenannte verdienstliche Pflichten.

Der Kategorische Imperativ ist damit eine Erweiterung der sogenannten Goldenen Regel, die in den Kulturen vieler Völker als moralischer Grundsatz gilt, etwa nach der Formel: „Was Du nicht willst, was man Dir tu, das füg' auch keinem anderen zu." Allerdings beinhaltet diese Regel lediglich ein negatives Ausschlusskriterium für Handlungen, welche andere betreffen. Im Gegensatz hierzu umfasst der Kategorische Imperativ einerseits auch positive Handlungen in Bezug auf andere und andererseits Handlungen jeder Art in Bezug auf sich selbst. Nach ihm gilt auch: „Was Du willst, das man Dir tu, das tue auch anderen!" Oder: „Was Du willst, dass andere sich tun (oder nicht tun), das tue auch selbst (oder selbst nicht)!" Er enthält also Tun- und Unterlassungspflichten in Bezug auf sich selbst und auf andere. Dementsprechend kann die Goldene Regel als Ableitung des Kategorischen Imperativs aufgefasst werden (GMS, iv 430 Fn).

Die Zweck-Formeln des Kategorischen Imperativs

In einer zweiten Formel des Kategorischen Imperativs stellt Kant Wert und Würde des Menschen in den Mittelpunkt. Sie lautet:

> *Handle so, dass du die Menschheit, sowohl in deiner Person, als in der Person eines jeden anderen jederzeit zugleich als Zweck, niemals bloß als Mittel brauchst.* (GMS, iv 429)

Der Ausdruck ‚Menschheit' ist dabei nicht wie im heutigen Sprachgebrauch als Gesamtheit der Menschen zu verstehen, was wenig Sinn ergäbe. Sondern Kant verwendet diesen Ausdruck im Sinne des spezifisch Menschlichen, der menschlichen Wesenheit in uns. Da diese aber gerade in unseren intelligiblen Anlagen besteht, ist die Menschheit im Menschen die Vernunftseite des sinnlich-vernünftigen Wesens (vgl. MS, vi 423). Diese hat für Kant absoluten Wert und ist deshalb **Zweck an sich selbst**. Der Gedanke ist der: was nur Mittel zu einem Zweck ist, ist nur für etwas anderes gut, hat also nur Wert in Hinsicht auf dieses. Also muss, was absoluten Wert haben soll, selbst ein letztes Ziel sein, das nicht weiter um anderer, höherer Ziele willen angestrebt wird. Mit Vehemenz betont Kant, dass der Mensch einen solchen absoluten, nicht relativierbaren Wert besitzt: „Nun sage ich: der Mensch und überhaupt jedes vernünftige Wesen existiert als Zweck an sich selbst" (GMS, iv 428). Insofern der Mensch absoluter Zweck, oder Zweck an sich selbst ist, missbraucht ihn ein Umgang, in dem er lediglich als Mittel zu anderen Zwecken und nicht zugleich als Selbstzweck betrachtet wird. In allem Umgang mit Menschen muss deren absoluter Wert daher immer mitberücksichtigt sein. Kants Formulierung besagt nicht, dass es verboten sei, andere überhaupt als Mittel zu gebrauchen. Das wäre absurd, denn in jeder Form des funktionalen Zusammenwirkens von Menschen werden andere in ihren Handlungen als Mittel zu eigenen Zwecken gebraucht. Gemeinsame Tätigkeiten sind anders nicht denkbar. Es gilt jedoch, andere zugleich als Personen zu achten und zu behandeln. Verboten sind also Handlungen, bei welchen Menschen *ausschließlich* als Mittel eigener Interessen angesehen, d. h. vollständig instrumentalisiert werden.

Wie steht es nun um die Behauptung, diese Formel sei mit der Grundformel äquivalent? Ist dies gegeben, dann müsste sie zu denselben Ergebnissen kommen wie jene. Am Beispiel des falschen Versprechens lässt sich dies explizieren. So betrachtet derjenige, der ein falsches Versprechen gibt, sein Gegenüber als bloßes Mittel seiner eigenen Interessen. Er gibt das Versprechen, um mittels des Getäuschten sein Ziel zu erreichen, ohne dem Anspruch eines jeden, als Person geachtet zu werden, nachzukommen. Denn die Achtung vor der Person (der Menschheit in sich) fordert, dem Wahrheitsbedürfnis der Vernunft nachzukommen. Im falschen Versprechen hingegen wird der Getäuschte bloß als Sache betrachtet, welche einen bestimmten Nutzen trägt. Anders formuliert: werden Menschen als Zwecke an sich selbst betrachtet, dann müssen sie als solche Zwecke auch in irgendeiner Weise im Zweck der auf sie bezogenen Handlung enthalten sein. Denn sonst würde der relative Zweck der Handlung den absoluten Zweck der Persönlichkeit überragen. Wenn aber die Person, auf die die Handlung bezogen ist, in dieser als Zweck mit enthalten sein muss, dann bedeutet dies, dass auch deren eigene Zwecke darin zumindest enthalten sein können müssen, was sich daran zeigt, dass es allen von einer Handlung Betroffenen nicht unmöglich sein darf, ihr zuzustimmen – was nicht heißt, dass sie auch real zustimmen sollen. Wer aber bloß als Mittel gebraucht wird, „kann unmöglich in [eine solche] Art, gegen ihn zu verfahren, einstimmen" (GMS, iv 429 f.). Handlungen, welche die anderen als Selbstzwecke beachten, dienen damit automatisch auch deren Zwecken.

Dieser Gedanke leitet über zu dem Hauptaspekt einer dritten Formel des Kategorischen Imperativs, welche lautet:

> *Handle nach Maximen eines allgemein gesetzgebenden Gliedes zu einem bloß möglichen Reiche der Zwecke.* (GMS, iv 439)

Dieser sogenannten „Reich-der-Zwecke-Formel" liegt die Idee zugrunde, eine Idealwelt, in welcher die Forderungen des Kategorischen Imperativs verwirklicht wären, als Leitbild zu seiner Verwirklichung zu nehmen. Daher soll man so handeln, *als ob* man selbst „ein gesetzgebendes Glied im allgemeinen Reich der Zwecke wäre" (GMS, iv 438). Insofern Kant unter einem *Reich* „die systematische Verbindung verschiedener vernünftiger Wesen durch gemeinschaftliche Gesetze" (GMS, iv 433) versteht, besteht die Pointe der Reich-der-Zwecke-Formel darin, dass sie das allgemeine Gesetzgebungsprinzip der ersten Formel und das Prinzip vom absoluten Wert vernünftiger Wesen als Zwecken an sich selbst der zweiten Formel verbindet. Das Reich der Zwecke ist die Vorstellung der übereinstimmenden Gesetzgebung (und -befolgung) aller für alle und aller ihrer Zwecke als Zwecke von allen. In der Idee eines Reichs der Zwecke als eines Ganzen aller Zwecke, „sowohl der vernünftigen Wesen als Zwecke[n] an sich, als auch der eigenen Zwecke, die ein jeder sich selbst setzten mag" (ebd.) liegt demnach die Idee einer moralisch vollkommenen Gemeinschaft, in welcher jeder Handelnde seine Maximen nach dem Kategorischen Imperativ bestimmen würde. Der Gedanke leuchtet ein: Sofern der Kategorische Imperativ in der Grundform fordert, so zu handeln, dass die eigenen Prinzipien allgemein sein könnten, dürfte es, wenn alle ihre Maximen danach ausrichteten, wegen deren wechselseitiger Allgemeingesetzgebungsbefähigung unter ihnen auch zu keinen Konflikten kommen. Die Aufforderung, sich als Teil dieser Gemeinschaft von Wesen, die dem Kategorischen Imperativ gemäß handeln, zu sehen (und entsprechend zu verhalten), ist demnach äquivalent mit der Aufforderung des Kategorischen Imperativs in der ersten Formel selbst.

Autonomie und guter Wille

Wer ist der Befehlsgeber und wer ist der Empfänger der Sollens-Aufforderung des Kategorischen Imperativs?

Kants Antwort hierauf ist der Schlüssel zum gesamten Verständnis seiner Ethik: Gebieter und Adressat des Kategorischen Imperativs sind *identisch*! Es kann nur die praktische Vernunft in ihrer Doppelfunktion als Vermögen zu handeln und als verstehende Intelligenz der Adressat des Imperativs sein. Beide Aspekte waren ja bereits in der handlungstheoretischen Grundbestimmung des Willens als eines Vermögens, nach der Vorstellung von Gesetzen zu handeln, enthalten. Nur wer Handlungen ausführen und zugleich den Ausdruck des Sollens verstehen kann, kann sinnvoll der Adressat der imperativischen Formulierung „Handle so, ...!“ sein. Wer aber kann ein Gesetz aufgeben, dass die Maximen *für* die praktische Vernunft eine universalisierbare Form haben sollen, d. h., den Willen auffordern, „nicht anders zu wählen, als so, dass die Maximen seiner Wahl in demselben Wollen zugleich als allgemeines Gesetz mit begriffen seien“ (GMS iv, 440)? Die Antwort muss lauten: doch offensichtlich nur jemand, der selbst allgemein gesetzgebend sein kann. Da der Kategorische Imperativ ein allgemeines Gesetz für den Willen ist, dass dieser die Maximen nach der Art allgemeiner Gesetzgebung bilde, verlangt der allgemeingesetzliche Aufforderungscharakter als eines Gesetzes für jeden Willen und der allgemeingesetzliche Inhalt des Kategorischen Imperativs dieselbe Instanz: den Willen als praktische Vernunft. Der Kategorische Imperativ als allgemeingesetzgebende Aufforderung zur allgemeinen Gesetzgebung kann demnach nur demjenigen entstammen, für den er gilt.

Diese „Eigenschaft des Willens, sich selbst ein Gesetz zu sein“ (GMS, iv 447), nennt Kant: **Autonomie** (Selbstgesetzgebung) im Gegensatz zur *Heteronomie* des Handelns nach ihm fremden Gesetzen. Wenn der Wille als Begehrungsvermögen sich durch Neigungen, d.h, Antriebe der

Sinnlichkeit bestimmt, dann unterwirft er sich den Gesetzen der empirischen Natur, welche zu seinem eigenen Vernunftwesen heteronom sind.

Der Kategorische Imperativ gebietet demnach, auf der Basis der Autonomie zu handeln, die er selbst zur Bedingung hat. Diese Aufforderung an sinnlich-vernünftige Wesen zu stellen ist deshalb sinnvoll, weil gerade sie sich über ihre sinnliche Seite auch fremdbestimmen lassen können – und dies, vermutet Kant, zumeist auch tun.

Allerdings, und darin zeigt sich ein tragischer Grundzug der menschlichen Existenz, ist „die eigentliche Moralität der Handlungen […], selbst die unseres eigenen Verhaltens, gänzlich verborgen" (KrV, B 579, Anm.), weil intelligible Ursachen nicht lokalisiert werden können. Es ist eine große Einsicht Kants, dass wir als moralische Vernunftwesen zwar uns selbst und andere stets unter moralischen Kategorien beurteilen, wegen der Verborgenheit intelligibler Ursachen jedoch nie wissen können, „wie viel [einer menschlichen Handlung] reine Wirkung der Freiheit, wie viel der bloßen Natur […] zuzuschreiben sei" (ebd.), weswegen ja eine Handlung dem empirischen oder intelligiblen Charakter einer Person auch nicht eindeutig zugerechnet werden kann. In moralischer Hinsicht entspricht dem, dass wir nie „nach völliger Gerechtigkeit richten" (ebd.) können, weil die letzte Motivationsalternative zwischen Pflicht und Neigung sich nicht erhellen lässt: Ist die Ehrlichkeit des Kaufmanns seiner moralischen Verpflichtung geschuldet, oder dem geheimen Kalkül, dadurch mehr Nutzen zu haben, oder seiner Selbstliebe, oder dem öffentlichen Ansehen, das er als rechtschaffener Händler begehrt? Mit Kant wurzelt das fundamentale Problem in dieser Frage darin, dass er selbst, sofern er seine Handlung für moralisch motiviert hält, darüber keine letzte Sicherheit erlangen kann.

Moralität entspringt dem Verhältnis der Handlungen zu den Bestimmungen des Willens hinsichtlich seiner Autonomie (GMS, iv 439). Hierüber erläutert sich auch Kants Begriff des **Guten**. Der Ausdruck des Sollens in Imperativen besagt, „dass etwas zu tun und zu unterlassen gut sein würde" (GMS, iv 413). Wenn formal ein hypothetischer Imperativ besagt: „Wer A will, soll B tun", so ist damit die Einsicht inbegriffen, dass B (funktionell) gut für A ist. Dementsprechend ist *absolut* gut nur das, was dem Kategorischen Imperativ gemäß ist. Aber dies wiederum kann nur diejenige Instanz sein, an die der Kategorische Imperativ sich richtet: der Wille. Also kann nur die autonome Willensbestimmung durch die praktische Vernunft selbst kategorisch, d. h. an sich selbst gut sein (GMS, iv 414). In Abgrenzung zu Ethiken der Tugend und des Glücksstrebens (Aristoteles), des moralischen Gefühls (Hume) und der

Vollkommenheit (Leibniz), der vertraglichen Übereinkunft (Locke, Rousseau), der allgemeinen Werterelativität (Montaigne) oder des Gemeinnutzens, wie sie im 19. Jahrhundert entwickelt wurden (Bentham, Mill), besteht Kants Ethik ausschließlich auf dem rationalen Prinzip der Selbsteinsicht und Selbststeuerung der Vernunft. Der Wille als praktische Vernunft ist auch die einzige Instanz, welche Adressat für bedingungslose moralische Sätze sein kann. So kann Kant sagen:

> *Es ist überall [= ‚überhaupt'] nichts in der Welt, ja überhaupt auch außer derselben zu denken möglich, was ohne Einschränkung für gut könnte gehalten werden, als allein ein guter Wille.* (GMS, iv 393)

Pflicht und Achtung

Der Kategorische Imperativ verpflichtet. Das heißt, er ist nicht lediglich ein Angebot zur Handlungsorientierung für diejenigen, die aus welchen Gründen auch immer moralisch sein wollen. Sondern er fordert, überhaupt moralisch zu sein und es zudem in eben der Weise zu sein, die er inhaltlich gebietet. Dies ist in der Formulierung „Handle so …!" bereits inbegriffen. Die Frage, die sich stellt, ist allerdings, wodurch diese Verpflichtung zustande kommt? Weshalb sollten wir der Moral gegenüber nicht gleichgültig sein dürfen?

Kurz gefasst würde Kants Antwort hierauf wohl so lauten: weil wir uns damit selbst als die Wesen, die wir sind, widersprechen würden. Denn wir würden uns dann nicht als das ansehen, was wir sind: sinnlich-vernünftige, selbstgesetzgebende Wesen.

Zur näheren Erläuterung muss man sich zuerst klar machen, dass nur Menschen als solche Mischwesen überhaupt sinnvolle Adressaten des Verpflichtungsanspruchs der Moralforderung sein können. Für rein sinnliche Wesen wie Tiere könnte ein Imperativ natürlich schon deswegen nicht gelten, weil es ihnen mangels Intelligibilität weder möglich wäre, ihn zu verstehen, noch ihm zu folgen; schließlich kommt das Sollen in der Natur nicht vor. Reine Geisteswesen wie etwa Engel könnten jedoch auch keine Adressaten moralischer Sollens-Pflichten sein, denn sie wiederum würden von selbst moralgemäß handeln; es bräuchte hierfür keine Aufforderung mehr. Wenn der Kategorische Imperativ das Produkt reiner praktischer Vernunft für die reine praktische Vernunft ist, so kann ihn zu gebrauchen nur dort sinnvoll als Pflicht aufgegeben werden, wo der Wille zugleich auch konkurrierenden Antrieben ausgesetzt ist, wie dies im Falle des Menschen durch seine sinnliche Seite der Neigungen gegeben ist. Der Kategorische Imperativ verpflichtet demnach den Menschen auf sich selbst hinsichtlich seiner intelligiblen Seite; und eben deshalb gebietet er in der zweiten Formel auch, die Menschheit in der eigenen Person jederzeit zugleich als Zweck an sich selbst zu betrachten.

Diese Verpflichtung durch das moralische Sollen muss dann auch die eigentliche Motivation moralischen Handelns werden. Dass es eine Motivation zur Pflicht, das heißt, einen nichtsinnlichen Antrieb zur Befolgung des Imperativs geben muss als Gegenpart zu den sinnlichen Antrieben in der Konkurrenz der Willensbestimmung, leuchtet ein. Kant entspricht dem mit der Konstruktion eines Gefühls, das seine Quelle in der Vernunft selbst hat: Dem Gefühl der **Achtung** vor dem Gesetz. Diese ist ein „durch einen Vernunftbegriff selbstgewirktes Gefühl" (GMS, iv 401 Fn), das das Doppelbewusstsein in sich trägt, einem Gesetz untergeordnet zu sein, dessen Urheber wir zugleich sind. Demnach muss aus dem selbstverpflichtenden Sollen ein Wollen der Pflicht werden; eine Pflicht aus Achtung vor dem Gesetz, „das wir uns selbst und doch als an sich notwendig auferlegen" (GMS, iv 401 Fn). Denn die Moralität von Handlungen besteht noch nicht darin, dass diese dem Kategorischen Imperativ *gemäß* sind. Sondern sie sollen gerade um der Erfüllung des Anspruchs des Imperativs willen vollzogen werden.

Handlungen, welche lediglich *pflichtgemäß* sind, nennt Kant **legal** (auf die Moralgesetzordnung, nicht auf die Rechtsgesetzordnung bezogen). **Moralisch** hingegen sind nur diejenigen, welche *aus Pflicht* vollzogen wurden:

> *Der Begriff der* **Pflicht** *fordert also an der Handlung objectiv Übereinstimmung mit dem Gesetze, an der Maxime derselben aber subjectiv Achtung fürs Gesetz, als die alleinige Bestimmungsart des Willens durch dasselbe. Und darauf beruht der Unterschied zwischen dem Bewußtsein, pflichtmäßig und aus Pflicht, d. i. aus Achtung fürs Gesetz, gehandelt zu haben, davon das erstere (die Legalität) auch möglich ist, wenn Neigungen bloß die Bestimmungsgründe des Willens gewesen wären, das zweite aber (die Moraliät), der moralische Werth, lediglich darin gesetzt werden muß, daß die Handlung aus Pflicht, d. i. bloß um des Gesetzes willen, geschehe.* (KpV, v 81)

Die Begründung hierfür ist leicht einzusehen. Bei bloß legalen Handlungen beruht die Legalität gleichsam auf Zufall. Wer eine moralgemäße Handlung nicht um der Moral willen vollzieht, sondern auf der Basis heteronomer Motive, der wird auf derselben Basis im nächsten Fall eventuell unmoralisch handeln. Denn er hatte ja gar kein Kriterium, das die Moralität verbürgte. So handelt, wer einem andern hilft, weil er in etwa gut angesehen sein will, oder ihm dessen Dankbarkeit Genugtuung verschafft, nicht moralisch, sondern lediglich legal. Beim ersten könnte es der Fall sein, dass er auf Hilfeleistung verzichtete, wo es keine Zeugen gibt und der Zweite würde vielleicht in Situationen nicht helfen, in denen er dem Hilfsbedürftigen gegenüber anonym bliebe; zudem könnte sich seine Disposition ändern und er könnte eines Tages den Genuss an der Dankbarkeit anderer verlieren. Daher garantiert Moralität nur das Handeln, das um der Moralität willen, das heißt aus Pflicht geschieht.

Kant stellt in der moralischen Frage Handlungen aus Pflicht solchen aus Neigung gegenüber und erklärt nur diejenigen aus Pflicht für moralisch. Dies hat vielfach zu dem Missverständnis geführt, Kant sage damit, dass moralische Handlungen nicht auch der Neigung entsprechen dürften. So hat Schiller, in der Absicht, diese vermeintliche Schwäche in Kants Ethik zu konterkarieren, ausgerufen: „Gern dien ich den Freunden, doch tue ich es leider mit Neigung und so wurmt es mich oft, dass ich nicht tugendhaft bin“ (*Nationalausgabe*, Bd. 1, S. 357), ohne zu sehen, dass der damit vorgestellte Widerspruch sich bei Kant gar nicht findet. Denn Handlungen aus Pflicht schließen keinesfalls aus, dass sie Genuss bringen und Neigungen entsprechen. *Aus Pflicht* bedeutet nur, dass sie auch dann geschehen wären, wenn zu ihnen nicht zusätzlich Neigung vorhanden gewesen wäre, dass Pflicht also die eigentliche Motivation gewesen sei. Im Falle Schillers hieße dies, dass auch dann, wenn keine Neigung vorhanden wäre, den Freunden zu dienen, dieses dennoch geschähe, so es die Pflicht erfordert. Aus Kants Pflichtbegriff folgt keine Sauertöpfigkeit.

Glückswürdigkeit

Mit der Formulierung des Kategorischen Imperativs als Antwort auf die Frage „Was soll ich tun?“ verknüpft sich auch eine neue Perspektive auf das zuvor als aussichtslos eingeschätzte Handlungsstreben nach Glückseligkeit. Kant bestätigt die antike Meinung, dass das Streben nach

Glückseligkeit zu den Naturanlagen des Menschen gehört: aber er bestreitet, dass sich das Glück durch Befolgen von Klugheitsregeln erreichen lasse. Es gibt keine Gebrauchsanweisung zum Glücklichsein. Stattdessen wird durch das Handeln aus Pflicht in der Befolgung des notwendigen Gesetzes unmittelbar ein Zustand der „Würdigkeit, glücklich zu sein" (KrV, B 834), die sogenannte **Glückswürdigkeit** erreicht. Dies ist dem Gedanken geschuldet, dass weder bloße Moralität noch bloßes allumfassendes Wohlbehagen unsere Vorstellungen von einem vollendeten irdischen Leben befriedigt. Ist nicht der Gerechte, der sein Dasein im Unglück verbringt, ein Bild des Jammers? Und kann umgekehrt nicht auch dem Schurken in jeder Hinsicht wohl sein, wenn er nur seine Ziele erreicht hat? Und denoch würden wir dieses Schurkendasein nicht als erstrebenswert betrachten. Im Gegenteil würden wir vielleicht dessen Zustand genau so kommentieren: er ist zwar glücklich, aber dieses Glückes nicht würdig, denn es fehlt ihm der innere Wert – was für Kant nichts anderes heißt als die *Würde* (GMS, iv 435). So lässt sich in der Perspektive auf das Glück als weitere Form eines Kategorischen Imperativs formulieren: „thue das, wodurch du würdig wirst, glücklich zu sein" (KrV, B 836 f.). Diese Aufforderung ist in dem Sinn inhaltsgleich mit den direkten Formulierungen des Kategorischen Imperativs, als lediglich eine moralische Haltung, d. i., ein stetes Handeln aus Pflicht diese Glückswürdigkeit gewährt.

Moralisch-praktische Freiheit (1): Die These der begrifflichen Identität von Freiheit und Sittlichkeit

Die Lösung des Prinzipienproblems, ob Freiheit angesichts eines durchgängigen Naturdeterminismus überhaupt möglich sein könne, bot die theoretische Grundlage für Kants praktische Philosophie überhaupt (vgl. Kapitel 7). Gäbe es nicht zumindest die Nichtunmöglichkeit transzendentaler Freiheit als das Wirken einer spontanen Ursache, welche ohne empirische vorgängige Bedingungen Wirksamkeit zu entfalten vermag, wäre das ganze Programm der praktischen Philosophie hinfällig. Umgekehrt jedoch sollten sich über diesen bloßen Status der Nichtunmöglichkeit hinaus in der entfalteten Moralphilosophie neue Argumente finden, welche den Status der Freiheit als Bedingung der Moralität stärken. Schließlich gilt für den Kategorischen Imperativ, dass er unbedingt verpflichtet – und nicht lediglich, dass eine vage Möglichkeit zur Moralität besteht. Wenn demnach die moralische Verpflichtung gilt und Freiheit ihre Bedingung ist, dann sollten sich über die jetzt inhaltlich ausgestaltete Moral des Kategorischen Imperativs neue (transzendentale) Argumente finden lassen, welche den Status der Freiheit, als Ermöglichungsbedingung der Moral stärken.

Ein solches Argument findet sich im dritten Teil der *Grundlegung*. Es lautet, dass Freiheit und die Moralität des Willens dasselbe bedeuten. Demnach folge die Sittlichkeit aus der Freiheit „durch bloße Zergliederung ihres Begriffs" (GMS, iv 447). Frei ist ein Wille demnach, wenn er sich selbst zum Handeln bestimmt und nicht von äußeren, das heißt zu ihm heterogenen sinnlichen Ursachen hierzu veranlasst wird. Dies entspricht dem theoretischen Freiheitsbegriff als einer nichtsinnlichen, spontanen Ursache. Ein solches Sich-selbst-Bestimmen ist nichts anderes als Autonomie im Gegensatz zur Heteronomie der Fremdbestimmung. Autonomie hat aber zugleich die Bedeutung, nicht nur sich selbst zum Handeln zu bestimmen, sondern sich auch die Regeln für dieses Handeln zu geben; dies liegt bereits im Begriff der Autonomie (autonomos = eigenes Gesetz). Kurz: im Vollsinne autonom ist der Wille nur, wenn er das Handeln vollständig nach Art und Umfang selbst bestimmt. Da nun jedoch die Selbstgesetzgebung des Willens als praktischer Vernunft keine andere sein kann als eine, welche die Selbstbindung des Willens an den Kategorischen Imperativ beinhaltete, kann Kant schließlich folgern: „Freiheit und eigene Gesetzgebung sind beides Autonomie, mithin Wechselbegriffe" (GMS, iv 450), und weiter: „also ist ein freier Wille und ein Wille unter sittlichen Gesetzen einerlei" (GMS, iv 447). Diese These der begrifflich-analytischen Einheit ist als „Analytizitätsthese" in die Kant-Literatur eingegangen.

Moralisch-praktische Freiheit (2): Das Faktum der Vernunft

Aber ist mit der Analytizitätsthese das Ziel tatsächlich erreicht, einen durchschlagenden Beweis dafür zu haben, dass tatsächlich Freiheit des Willens gegeben und die Verpflichtung des Kategorischen Imperativs bindend sei? Ist mit ihr gegen die Behauptung etwa, Freiheit und damit moralische Verpflichtung, sei eine bloße Idee, einer Selbsttäuschung der Vernunft entsprungen, und es gäbe so etwas „in Wirklichkeit" gar nicht, ein letztes argumentatives Mittel gefunden?

Die Antwort hierauf ist schwierig und in der Kant-Forschung bis heute umstritten. Kant selbst jedenfalls schien über das in dieser Hinsicht Erreichte hinaus noch neuer Argumente zu bedürfen, um dieser Gefahr zu entkommen.

Mit der Analytizitätsthese war gegeben, das Freiheit und Sittlichkeit sich wechselseitig implizieren; als Begründungsargument hatte Kant in der *Grundlegung* aber lediglich die Moralität begrifflich aus der Freiheit abgeleitet. In der *Kritik der praktischen Vernunft* kehrt Kant diesen Gedanken um: Nun dient das moralische Gesetz

> *selbst zum Princip [...] der Freiheit, von der das moralische Gesetz, welches selbst keiner rechtfertigenden Gründe bedarf, nicht bloß die Möglichkeit, sondern die Wirklichkeit an Wesen beweiset, die dieses Gesetz als für sie verbindend erkennen.* (KpV, v 47)

Das Neue an dieser Argumentation ist nicht nur die Folgerung, sondern auch die Feststellung, dass die Moralität keiner rechtfertigenden Gründe bedarf. Das moralische Gesetz sei, heißt es jetzt, „ein **Factum der** [...] **Vernunft**, dessen wir uns a priori bewußt sind, und welches apodiktisch gewiß ist" (ebd.). Indem die Vernunft selbstgesetzgebend ist und, wie gesehen, die Art der selbstgegebenen Gesetze unmittelbar aus der Vernunftveranlagung zur Gesetzgebung und praktischer Gesetzesableitung im Handeln geschöpft ist, bedarf es, so lässt sich das Argument rekonstruieren, keiner weiteren Argumente für die Vernunft zum Erweis der Bindung an diese Gesetze. Woher, wenn nicht aus Vernunft, sollten solche Argumente auch kommen?

Die Folgerung hieraus, dass ‚Wesen' wie Menschen, die das Gesetz als verbindlich denken, frei sind, kann man auf die Kurzform ‚Du kannst, denn Du sollst' bringen. Denn da das Gebot der reinen praktischen Vernunft von sittlichen Handlungen eben „gebietet, dass solche geschehen sollen, so müssen sie auch geschehen können" (KrV, B 835) – denn sonst wäre die erwiesene Verpflichtung durch das Gebot hinfällig.

Zentrale Stellen

GMS, iv 387–445 (= *Grundlegung*, 1. und 2. Abschnitt); KpV, v 19–106 (= erstes Buch: Die Analytik der reinen praktischen Vernunft); KrV, B 823–859 (= Der Kanon der reinen Vernunft).

Literatur

Lewis White Beck, *Kants „Kritik der praktischen Vernunft“*. Ein Kommentar. München, 1974.

Herbert James Paton, *Der kategorische Imperativ*. Eine Untersuchung über Kants Moralphilosophie. Dt.: Berlin, 1962.

Dieter Schönecker und Allen Wood, *Kants ‚Grundlegung zur Metaphysik der Sitten‘*. Ein einführender Kommentar. Paderborn, 2002.

10

Was ist das Schöne?

Leitbegriffe

Zweck, Urteilskraft, bestimmende und reflektierende Urteilskraft, Geschmack, das Schöne, interesseloses Wohlgefallen, Zweckmäßigkeit ohne Zweck, das Erhabene, Symbol des Sittlich-Guten

In der Kritik der Urteilskraft entwirft Kant eine Theorie des Schönen, welche zugleich die Bereiche des Theoretischen und des Praktischen, des Wissens und der Moral, verbinden soll. Der Begriff des Zwecks als das Ziel von Handlungen und als das Ergebnis von Naturprozessen stiftet diese innere Verbindung: Schönheit als subjektive Zweckmäßigkeit wird zum Symbol der Sittlichkeit.

Die Aufgabe der *Kritik der Urteilskraft*

Die *Kritik der reinen Vernunft* hat in ihrer Analyse der Sinnlichkeit, des Verstandes und der theoretischen Vernunft den Rahmen der auf die Welt bezogenen theoretischen Erkenntnisse abgesteckt. Demnach sollen überhaupt nur auf die Sinnlichkeit bezogene Verstandeserkenntnisse, welche die Welt als Natur unter dem Kausalbegriff deuten, objektive Erkenntnisberechtigung haben. Umgekehrt hat die praktische Vernunftkritik ein Reich der reinen intelligiblen moralischen Erkenntnisse aufgedeckt, welche aus der Selbstgesetzgebung der praktischen Vernunft entsprangen. Nun ergibt sich hieraus aber das Bild einer Theorielandschaft mit zwei relativ voneinander unabhängigen Bereichen: Hier die Welt der Naturerkenntnisse in der Form von Urteilen, dort die Welt der Moralerkenntnisse in der Form von Imperativen; unabhängig voneinander, weil ja das Sollen in der ganzen Natur nicht vorkommt. Andererseits soll es doch *dieselbe* Vernunft sein, welche in theoretischer und praktischer Hinsicht lediglich verschieden gebraucht wird. Wenn dies so sein soll und es kein Auseinanderklaffen einer Natur- und einer Moralwelt geben soll, dann bedarf es des Nachweises eines Zusammenhangs der beiden Vernunftbereiche, welcher durch die ersten beiden Kritiken abgesteckt worden war. Kant hat den Mangel eines solchen Nachweises tief empfunden. 1790 spricht er in Hinsicht auf sein eigene bis dato dargelegte Philosophie von einer „Kluft zwischen dem Gebiete des Naturbegriffs, als dem Sinnlichen, und dem Gebiete des Freiheitsbegriffs, als dem Übersinnlichen [...], gleich als ob es so viel verschiedene Welten wären“ (KU, v 175 f.).

Dies ist aber nicht nur vom Standpunkt der Theorieeinheit unbefriedigend, es entspricht auch nicht der Logik der Imperative. Zwar hat das Sollen seinen Ursprung in der praktischen Vernunft, aber es hat auch einen unmittelbaren Bezug aus der intelligiblen Welt in die Sensible hinein: denn das *Ge*sollte, das Handeln in der Welt, ist nach seiner körperlichen Seite sensibel. Die Aufforderung zu handeln beinhaltet, die Gegenstände des Sollens wirklich werden zu lassen. Blieben die intelligible Welt und die sensible getrennt, dann bliebe die Aufforderung zur Verwirklichung moralischer Handlungen im Ansatz stecken. Die intelligible Welt soll auf die sensible „einen Einfluß haben“ (KU, v 176).

Zu den Aufgaben der dritten und letzten Kritik, der *Kritik der Urteilskraft* gehört also, die Einheit der Vernunft zu erweisen. Hierdurch soll das gesamte kritische Geschäft vollendet und abgeschlossen werden (KU, v 170). Demnach verbindet aus dem Blickpunkt der Architektur des Systems Kants die *Kritik der Urteilskraft* die beiden anderen Kritiken.

Der zentrale Begriff, der die gesuchte Vernunfteinheit herstellen soll, ist der Begriff des **Zwecks.** Das zentrale Geistesvermögen, welches auf subjektiver Seite die Einheit der Vernunftvermögen stiften soll, ist die *Urteilskraft.* Der thematische Bereich, welcher dadurch seine theoretische Bestimmung finden soll, ist die Ästhetik im Sinne einer Theorie des Schönen.

Die Aufgabe, die Kant sich mit der *Kritik der Urteilskraft* stellt, ist demnach von vornherein eine mehrfache und in systematischer Hinsicht enorm komplizierte: Es soll auf subjektiver Seite gezeigt werden, wie die Einheit der Vernunft durch das verbindende Vermögen der Urteilskraft gestiftet werden kann und wie sich zugleich wissenschaftssystematisch eine Brücke zwischen der theoretischen und praktischen Philosophie durch eine Theorie des Schönen über den Zweckbegriff bauen lässt. Demnach gilt es zuerst zu klären, was die Urteilskraft sei und was der Zweckbegriff bedeute, um dann zuzusehen, wie Kant aus diesen beiden Elementen eine Theorie des Schönen begründet.

Die Urteilskraft

Urteilskraft nennt Kant in der *Kritik der reinen Vernunft* „das Vermögen, unter Regeln zu subsumiren“ (KrV, B 171). Damit ist die Fähigkeit gemeint, einen bestimmten Fall einem allgemeinen Gesetz oder Begriff zuzuordnen. Dieses Vermögen wird sowohl theoretisch als auch praktisch gebraucht: wer sagt, dass die Äpfel durch die Schwerkraft vom Baum fallen, wendet das allgemeine Gesetz, dass auf der Erde alles, was Masse hat, von dieser angezogen wird, auf die Äpfel an; desgleichen wendet der, der sagt, dass dieser bestimmte Apfel vor seinen Augen wegen der Schwerkraft zu Boden falle, die allgemeinere Regel, dass Äpfel generell wegen der Schwerkraft zu Boden fallen, auf diesen einzelnen an. Und wer sagt, es sei ein Betrugsversuch, jemandem absichtlich eine falsche Rechnung auszustellen, subsumiert diese Handlung unter die allgemeinen Regeln, die besagen, was Betrug und was ein Versuch dazu sei.

In der *Kritik der Urteilskraft* erweitert Kant den Begriff der Urteilskraft dahingehend, dass er sie jetzt als „das Vermögen, das Besondere als enthalten unter dem Allgemeinen zu denken“ (KU, v 179) versteht. Die Erweiterung liegt darin, dass in dieser Definition auch das Vermögen, zu einem bestimmten Fall ein allgemeines Gesetz zu finden, enthalten ist. Das zunächst als Urteilskraft überhaupt bezeichnete Vermögen wird in der *Kritik der Urteilskraft* als **bestimmende Urteilskraft** bezeichnet und kontrastiert mit der **reflektierenden Urteilskraft** als dem Vermögen, allgemeine Regeln zu einem gegebenen Einzelnen erst aufzufinden. Die Urteilskraft im vollen Begriff ist also das allgemeine Subsumtionsvermögen in beiden Richtungen: das Gesetz zum Fall und den Fall zum Gesetz zu finden. Bestimmend sagt sie, dass etwas so-und-so ist, reflektierend fragt (erwägt) sie, ob etwas so-und-so sei.

Zwecke

Zwecke kann man formal als Ziele fassen, auf welche Prozesse zulaufen. Seine zentrale Bedeutung erhält der Zweckbegriff in praktischer Hinsicht, denn Handlungen sind zumeist zielgerichtet. Diese Ziele finden sich aber nicht in der Natur vorgegeben, sondern die praktische Vernunft setzt diese Ziele und versucht, ihnen entsprechend zu handeln (vgl. Kapitel 8 und 9). Demnach ist der Wille als die praktische Vernunft „das Vermögen, nach Zwecken zu handeln" (KU, v 370). Zwecke, welche begrifflicher Natur sind, werden so als Gründe von Handlungen zu deren Ursachen.

Hierbei wird eine merkwürdige Kausalstruktur sichtbar, bei welcher Ursachen auf gewisse Weise später als ihre Wirkungen sind. Wer ein Haus baut, dem ist das fertig gebaute Haus Ziel (Zweck) des Bauens. Und dieser Zweck, der relativ zum Vorgang des Bauens des Hauses erst in der Zukunft liegt, bewirkt das Bauen selbst. Ohne das Ziel des gebauten Hauses gäbe es kein Hausbauen. Wo eine solche Zweckursache wirksam ist, ist aber immer zugleich auch die bekannte Naturkausalität am Werk: das fertige Haus ist natürlich auch die Folge des Hausbauens. Ohne das Erbauen des Hauses gibt es kein gebautes Haus. Ein Zweck ist demnach in kausaler Hinsicht doppelt: Er ist „Ursache desjenigen Dinges [...], wovon er die Wirkung ist" (KU, v 372). Demnach besitzt er als quasi-Ursache leitende Funktion: der Zweck des gebauten Hauses leitet den Hausbau auf ihn zu.

Dieser leitenden Funktion von Zwecken in Handlungen entspricht die reflektierende Anwendungsart der Urteilskraft in theoretischer Hinsicht, wodurch eine Verbindung von Zweckbegriff und Urteilskraft hergestellt wird. Insofern die reflektierende Urteilskraft allgemeine Erklärungen zu konkreten Gegebenheiten sucht, prüft sie, ob das Allgemeine zweckmäßig zur Erklärung des vielgestaltigen Einzelnen ist. Je mehr eine Theorie auf einen Phänomenbereich passt, desto mehr erfüllt sie den Zweck seiner Erklärung. Die Theorie ist der Zweck des Erkenntnisstrebens. Damit hat Kant zunächst ein internes Zweckverhältnis zwischen verschiedenen Theoriestufen und den ihnen entsprechenden Erkenntnisvermögen etabliert, auf das er zur Erklärung des Schönen zurückgreifen kann.

Das Schöne

Was bedeutet es, zu sagen, etwas sei hässlich oder schön, banal oder erhaben? Hat dies denselben Anspruch auf Wahrheit wie etwa zu sagen, etwas sei blau oder rund? Oder denselben, wie zu sagen, etwas schmerze oder fühle sich gut an? Gibt es Schönheit nur individuell, ja nach Geschmack, oder lässt sie sich gar aus Vernunftbegriffen für alle gültig deduzieren?

Kants urteilsanalytischer Herangehensweise gemäß untersucht er auch den Bereich des Schönen und Erhabenen dadurch, dass er die Berechtigung und Reichweite der Urteile über diese Gegenstände prüft.

Kant fragt also weder direkt nach unserer Empfindung des Schönen noch nach objektiven Kriterien für die Schönheit der Dinge, sondern danach, wie wir dazu kommen, uns ein Urteil von der Form „Dies ist schön" zu bilden; was wir damit meinen, was wir damit beanspruchen und ob diese Ansprüche berechtigt sind.

Zudem positioniert er auch seine Theorie des Schönen zwischen der empiristischen und der rationalistischen Position, bei gleichzeitiger Abgrenzung zu diesen. Für Kant sind Urteile des Geschmacks weder minderwertige Formen des Erkennens (Rationalismus) noch Äußerungen bloßen Gefühls (Empirismus). Versuchte der Empirismus Schönheit als Reaktion der Empfindungen auf äußere Reize zu erklären und der Rationalismus Schönheit aus einem Begriff der Vollkommenheit abzuleiten, gehen bei Kant Gefühl, Einbildungskraft (Phantasie) und Verstand ein kompliziertes Zusammenspiel ein, aus welchem sich dann der eigentümliche logische Status der ästhetischen Urteile ableitet.

In der Tat, wer sagt: „Das ist schön", statuiert ein Urteil von merkwürdigem Anspruch. Denn er beansprucht eine nicht diskutable Zustimmung aller, welche über denselben Gegenstand ästhetisch urteilen, wiewohl er weiß, dass es keine argumentativen Mittel der Überzeugung und keine Tatsachenbelege gibt. Schönheit lässt sich nicht demonstrieren.

Dennoch beansprucht ein Urteil wie „Das ist ein schönes Haus" mehr Allgemeingültigkeit als vergleichsweise das Urteil „Mir gefällt dieses Haus" oder „Der Anblick dieses Hauses ist angenehm". Urteile dieser Art sehen wir als Privatsache an. Sie verdanken sich dem bloßen Sinnengeschmack (KU, v 214), von welchem jeder seinen eigenen hat. Urteile dieser Art sind zudem mit Interesse verbunden. Damit meint Kant „das Wohlgefallen [...], was wir mit der Vorstellung der Existenz eines Gegenstandes verbinden" (KU, v 204). Deswegen begehren wir, was uns gefällt. Wir möchten uns in den Zustand des Angenehmen versetzen oder darin verbleiben. Hingegen haben wir am beurteilten Gegenstand im reinen ästhetischen Geschmacksurteil kein Interesse. Unsere ästhetische Haltung ist die, dass wir keinen Besitz von dem begehren, was wir in der bloßen Betrachtung ästhetisch beurteilen (KU v, 204). Wenn wir die Schönheit eines Schlosses bewundern, wollen wir es deswegen noch lange nicht besitzen. Hieraus folgert Kant als Erklärung des **Geschmacks** und des **Schönen**: „Geschmack ist das Beurtheilungsvermögen eines Gegenstands [...] durch ein Wohlgefallen oder Mißfallen *ohne alles Interesse*. Der Gegenstand eines solchen Wohlgefallens heißt schön" (KU, v 211). Kurz: Schön ist, was Gegenstand eines **interesselosen Wohlgefallens** ist. Wer sagt: „Das ist schön", beansprucht im Gegensatz etwa zu einem Urteil wie „Das schmeckt gut", dass alle dies schön finden. Wem etwas schmeckt, der meint nicht, dass anderen dies deswegen auch schmecken müsse.

Weshalb jedoch soll ein Urteil wie „Das ist schön" mehr als nur private Gültigkeit haben dürfen?

Der Grund hierfür ist auf subjektiver Seite zu suchen, im Vermögen der reflektierenden Urteilskraft. Im ästhetischen Urteil wird „vom Schönen so [gesprochen], als ob Schönheit eine Beschaffenheit des Gegenstandes [...] wäre; ob[wohl] es gleich nur ästhetisch ist und bloß eine Beziehung der Vorstellung des Gegenstandes auf das Subjekt enthält" (ebd.). Deshalb erhebt ein ästhetisches Urteil nicht dieselben Wahrheitsansprüche wie ein Tatsachenurteil, welches bestimmt, dass etwas so und so ist. Zugleich ist die von Kant hier beschriebene Beziehung der Gegenstandsvorstellung auf den Betrachter dafür verantwortlich, dass solche Urteile zwar nicht jedermanns Zustimmung fordern, aber doch diese *ansinnen* können (KU, v 216). Denn das Gefühl des ästhetischen Wohlgefallens hat keine empirische (sensuelle) Ursache wie das des bloßen Sinnengeschmacks, sondern kommt dadurch zustande, dass in der ästhetischen Betrachtung *Verstand* und *Einbildungskraft* aufeinander bezogen sind. Sie werden in einen freien, anregenden, lustvoll-spielerischen Zustand versetzt, in einen Zustand, *als ob* sie in einer Erkenntnis aufeinander bezogen wären, wiewohl es sich um keinen Zustand begrifflicher Beziehung handelt. Und

> *dieser Zustand eines freien Spiels der Erkenntnisvermögen bei einer Vorstellung, wodurch ein Gegenstand gegeben wird, muß sich allgemein mittheilen lassen; weil Erkenntniß [...] die einzige Vorstellungsart ist, die für jedermann gilt.* (KU, v 217)

Das Gefühl der Lust am Schönen wird über das freie Spiel der Erkenntniskräfte erzeugt. Diese Lust ist so nicht die Ursache für das Geschmacksurteil, sondern dessen Folge.

Hierdurch ergibt sich der innere Zusammenhang zum Zweck-Begriff. Da Zwecke *Vorstellungen* des Begehrens sind, das Schöne aber nicht begehrt wird, ist es kein Zweck für das Subjekt. Es ist aber auch nicht zwecklos, denn die Art, in welcher durch die Vorstellung des Schönen die Erkenntniskräfte in ihr freies Spiel versetzt werden, lässt sich als ‚zweckmäßig' bezeichnen, und zwar als formal zweckmäßig, weil von jeglichem konkreten Inhalt eines Zweckes abgesehen wird. Demnach ist „Schönheit [...] eine formale subjective Zweckmäßigkeit" (KU, v 228) oder, wie Kant auch sagt: „eine **Zweckmäßigkeit ohne Zweck**“ (KU, v 226).

Das Erhabene

Mit der Analyse der ästhetischen Kernurteile über das Schöne ist Kants Ästhetik noch nicht abgeschlossen. Gibt es nicht auch andere Formen ästhetischer Erfahrung, welche nicht unmittelbar mit Schönheit zusammenhängen? Kann es nicht auch eine Ästhetik des Grandiosen, Erschreckenden, Furchteinflößenden, Verstörenden usw. geben?

Kant bejaht in Grenzen die Möglichkeit einer solchen Form ästhetischer Urteile und nennt sie in der Tradition des 18. Jahrhunderts (insbesondere Edmund Burkes) „Urteile über **das Erhabene**“. Erhaben ist, was wir nicht fassen können, was unser Vermögen der Anschauung und der Einbildungskraft übersteigt, „was über alle Vergleichung groß ist“ (KU, v 248) – groß also nicht in dem Sinn, dass es größer als ein anderes ist, sondern, dass im Vergleich dazu alles andere klein ist, weil es „jeden Maßstab der Sinne übertrifft“ (KU, v 250). Diese Erhabenheit purer Größe ist das Mathematisch-Erhabene. Der Anblick des unermesslichen Sternenhimmels, die Weite der Meere oder die unüberschaubare Größe der Kathedralen sind Beispiele für diese Form der Erhabenheit, die uns bewegt und erhebt zugleich. Hingegen:

> *Kühne, überhangende, gleichsam drohende Felsen, am Himmel sich aufthürmende Donnerwolken, mit Blitzen und Krachen einherziehend, Vulcane in ihrer ganzen zerstörerischen Gewalt, Orkane mit ihrer zurückgelassenen Verwüstung.* (KU, v 261)

lassen uns die Grenzen unserer Macht gegenüber der blanken Naturgewalt spüren und sind desto anziehender, je furchtbarer sie auf uns wirken. Kant nennt dies das „Dynamisch-Erhabene“ (KU, v 247). Auch dies erhebt unser Gemüt, indem es uns zugleich erschüttert. Aber der entscheidende Aspekt hierin ist nicht die schiere Größe, sondern die (abstrakte) Bedrohlichkeit des Betrachteten. Die Bedrohlichkeit muss auch abstrakt bleiben. Der Genuss am Bedrohlichen ist nur in einer Position der Sicherheit möglich. Die moderne mediale Katastrophenberichterstattung ist ein prägnantes Beispiel dafür, wie diesem Genuss entsprochen wird. Wer wirklich bedroht ist, genießt nicht mehr.

Zweckmäßigkeit in der Natur

Im zweiten Teil der *Kritik der Urteilskraft*, der „Kritik der teleologischen Urteilskraft“, untersucht Kant, inwiefern die Anwendung des Zweckbegriffs auf das Naturgeschehen berechtigt ist. Dies verbindet sich mit der systematischen Aufgabe der *Kritik der Urteilskraft*, die Einheit von theoretischer und praktischer Vernunft herzustellen. Die intelligible Welt soll auf die sensible Einfluss nehmen können. Also muss die Natur so gedacht werden können, dass menschliche Zwecke als die Zielobjekte von absichtlichen Handlungen aus Freiheit in ihr verwirklicht sein können.

Ist dies gewährleistet, dann stellt sich die Frage, ob nicht auch in der Natur selbst, unabhängig von der Verwirklichung absichtlicher Handlungen in der Welt, Zwecke angenommen werden können. Und tatsächlich legen gängige Redeweisen besonders im Bereich des Organischen die Existenz solcher Zwecke nahe: die Lunge versorgt den Körper mit Sauerstoff (hat den Zweck der Sauerstoffversorgung), das Gras ernährt die Kuh (hat den Zweck, die Kuh zu ernähren), das Kleid des Schneehuhns tarnt dieses im Winter (hat den Zweck der Tarnung). Prüft man allerdings auch hier wieder Anspruch, Berechtigung und Geltung solcher Urteile wie „A ist zweckmäßig für B“, dann zeigt sich eine deutliche Differenz zu den kausalen Urteilen vom Typus „A verursacht B“. Denn das Zweckhaftigkeitsurteil entspringt im Gegensatz zum empirischen Kausalurteil der *reflektierenden* Urteilskraft und kann demnach nicht doktrinal, als Erklärung eines realen Zwecks in der Natur verstanden werden. Sondern die Zweckhaftigkeit ist ein regulatives Prinzip (KU, v 379): eine Vielfalt von Phänomenen wird unter einem Begriff zusammengebracht, von welchem außer Zweifel steht, dass er lediglich ein Prinzip unserer Vernunftordnung, nicht aber der Seinsordnung der Natur ist. „Ein Ding [...] als Naturzweck zu beurtheilen, ist ganz etwas anderes, als die Existenz dieses Dinges für Zweck der Natur halten“ (KU, v 378). Das quasi zufällige Zusammenkommen vieler Phänomene zu einem neuartigen wird demnach in Zweckmäßigkeitsbetrachtungen der Natur nur so aufgefasst, als ob die zusammenfließenden Phänomene den Zweck hätten, dieses Neuartige zu erzeugen. Im Zweckmäßigkeitsurteil der Natur wird die Dienlichkeit von etwas zu etwas anderem erklärt ohne die Unterstellung, dass diese Dienlichkeit von Absicht getragen würde. Dass das Gras die Kuh ernährt, ist ein Zweckmäßigkeitsurteil: das Gras erfüllt den Zweck der Ernährung der Kuh. Es würde jedoch heißen, die Natur misszuverstehen, und ihr ein fremdes Prinzip unterzuschieben, würde dabei mitgedacht, dass der Zweck des Grases die Ernährung der Kuh sei, so als gäbe es eine Innentendenz des Grases, analog zu einer Absicht auf die Ernährung der Kuh hin oder als hätte gar jemand das Gras geschaffen in der Absicht, dadurch Kühe zu ernähren. Der Satz „Das Gras ernährt die Kuh" stellt lediglich einen enorm komplexen Kausalzusammenhang absichtsloser Begebenheiten zwischen den Wachstumsbedingungen des Grases, seiner bio-chemischen Beschaffenheit und den Bedürfnissen und dem Aufbau des Verdauungsapparates der Kuh unter einer zusammenfassenden Perspektive auf eine ständige Endwirkung, nämlich die ernährte Kuh, hin dar. Entsprechend würde zwar der Körper nicht ohne die Sauerstoffversorgung durch die Lunge funktionieren, diese ‚weiß' aber nichts von ihrer erwünschten Wirkung, sondern der Sauerstoff ist lediglich die chemische Folge der in ihr ablaufenden Stoffwechselprozesse. Die tatsächliche Zweckmäßigkeit in Zweckmäßigkeitsurteilen der Natur liegt lediglich darin, dass es für die Vernunft selbst sich als zweckmäßig erweist, zusammenfassend Phänomene unter einem Zweckbegriff zu deuten, ohne jedoch damit in gegenständlicher Richtung einen tatsächlichen Zweck in den Gegenständen der Natur zu unterstellen.

Einheit

Systematische Aufgabe der *Kritik der Urteilskraft* war es, über den Zweckbegriff und die Funktion der Urteilskraft eine mehrfache Einheit herzustellen: der Vernunftvermögen, der Geistesgebiete, der Wissenschaften, der Philosophie insgesamt. So soll nach Kants interner Systematik die „Kritik der Urtheilskraft […] ein Verbindungsmittel der zwei Theile der Philosophie zu einem Ganzen" (KU, v 176) sein.

In subjektiver Hinsicht sollte die Einheit der Vernunft (im weiten Sinne) als die Einheit aller intelligiblen Kräfte gezeigt werden. Dies erweist sich als die Aufgabe, sowohl die Einheit der theoretischen und der praktischen Vernunft als auch die Einheit zwischen Vernunft und Verstand über die Vermögen der Einbildungskraft und Urteilskraft herzustellen. Letzteres konnte über die Doppelfunktion der Urteilskraft gelingen, welche als konkretes Anwendungsvermögen der Vernunft (bestimmende Urteilskraft) und als Abstraktionsvermögen des Verstandes (reflektierende Urteilskraft) fungierte. Die Einheitsstiftung von theoretischer und praktischer Vernunft leistet nun die Urteilskraft über das Gefühl der Lust und Unlust als drittem Seelenvermögen zwischen Begehrungsvermögen und Erkenntnisvermögen (KU, v 177). Darin zeigt sich eine innere Verbindung zwischen der Ästhetik und der Moralphilosophie. So wie die Lust am Schönen ein intellektuell selbstgewirktes Gefühl ist, ist es auch die Achtung vor dem Gesetz. Wissenschaftssystematisch liegt hierin die Verbindung von Moraltheorie und Erkenntnistheorie in der Theorie des Schönen und der Zwecke der Natur. Dies kann die Ästhetik leisten, indem sie im **Schönen als Symbol des Sittlich-Guten** (KU, v 353) die moralische Welt mit der empirischen verbindet. Ein Symbol ist für Kant die spezifische indirekte Versinnlichung einer Vernunftidee; da Vernunftideen es ja gerade an sich haben, dass sie von vornherein jeglicher Anschaulichkeit entbehren, können sie nicht unmittelbar dargestellt, sondern nur über eine Analogiebildung symbolisiert werden.

Zentrale Stellen

KU, v 171–197 (= Einleitung), 203–266 (= Analytik der ästhetischen Urteilskraft §§ 1–29) und v 359–415 (= Analytik und Dialektik der teleologischen Urteilskraft).

Literatur

Manfred Frank/Véronique Zanetti, Kommentar zur Kritik der Urteilskraft. In: dieselben (Hg.): *Immanuel Kant, Schriften zur Ästhetik und Naturphilosophie.* Text und Kommentar. Frankfurt/Main, 2001. Bd 3., S. 1206–1338.

Otfried Höffe (Hg.), *Immanuel Kant. Kritik der Urteilskraft* (= Klassiker Auslegen Bd. 33). Berlin, 2008.

Wolfgang Wieland, *Urteil und Gefühl.* Kants Theorie der Urteilskraft. Göttingen, 2001.

11

Ausblick: Spätwerk und Wirkung

In Kants Spätwerk finden sich bedeutende Schriften zu einem breiten Spektrum an Themen zur praktischen Philosophie im weitesten Sinne. Vorgestellt werden Schriften zur Aufklärung, zur Theorie des Friedens, zur Religions-, Staats- und Rechtsphilosophie.

Am Ende der Vorrede zur *Kritik der Urteilskraft* erklärt Kant sein Unternehmen einer Neufundierung der Philosophie in allen Ihren Zweigen für beendet und kündigt an, auf der Basis derselben nun die ersten Teile einer eigentlichen philosophischen Lehre (Doktrin) auszuführen:

> *Hiemit endige ich also mein ganzes kritisches Geschäft. Ich werde ungesäumt zum doctrinalen schreiten, um wo möglich meinem zunehmenden Alter die dazu noch einigermaßen günstige Zeit noch abzugewinnen.* (KU, v 170)

Im folgenden Jahrzehnt verfasst Kach eine ganze Reihe weiterer bedeutender Schriften, zur Moralphilosophie, zur philosophischen Anthropologie und Philosophie der Geschichte, zur Rechts-, Staats- und Religionsphilosophie, die allerdings in der Wirkung deutlich im Schatten des alles überstrahlenden Kritischen Werkes der Jahre 1781–1790 stehen. Deshalb sollen hier auch nur die wichtigsten von ihnen kursorisch betrachtet werden.

Kant war ein universeller Geist, dessen Interessen enzyklopädisch waren, wenn das Hauptinteresse seines Forschens auch sicherlich in der *Begründung* des Wissens und der Moral und nur in zweiter Linie in den Inhalten der einzelnen Wissenschaftszweige lag. Innerhalb dieser lässt sich im Laufe seines Lebens eine deutliche Verschiebung der Interessen Kants von den Naturwissenschaften zum Praktischen hin feststellen. Verfasste Kant vor Erscheinen der *Kritik der reinen Vernunft* unter anderem Schriften zur Theorie des Himmels, der Entstehung der Winde oder der allgemeinen Naturgeschichte, so sind es nach 1790 ausschließlich

Texte zu Gebieten, die man nach moderner Systematik zur Philosophie der Sozial- und Geisteswissenschaften rechnen würde.

Kant war, so sehr seine äußerlich sehr gleichförmige Lebensweise dem auch zu widersprechen scheint, ein Philosoph, der am politischen und sozialen Geschehen seiner Zeit unmittelbar interessiert war und dieses auch einer deutlich Stellung nehmenden Analyse unterzogen hat.

Was ist Aufklärung?

Die erste der Schriften in diesem Kontext ist ein kleiner Aufsatz, den Kant bereits 1784 in einer Berliner Zeitschrift veröffentlichte. Dort beantwortete Kant eine an gleicher Stelle zuvor aufgetretene Frage, was denn die Aufklärung sei, welche die Köpfe und Herzen der Menschen dieser Epoche so sehr beschäftige. Kant gehörte damit nicht zu den Aufklärern im engeren Sinne, welche im 18. Jahrhundert von England ausgehend (Locke) und dann in der zweiten Jahrhunderthälfte in Frankreich unmittelbar auf die soziale und politische Öffentlichkeit wirkten (Montesquieu, Voltaire). Allerdings war die Situation in Preußen auch eine andere als in Frankreich. Während dort die Aufklärung eine Bewegung gegen die etablierte konservative Monarchie war, wurde sie in Preußen in der Person des mit Voltaire befreundeten Friedrichs II. (des Großen) vom Monarchen selbst vertreten.

Kant beantwortete die Frage, was Aufklärung sei, auf eine Art, welche am Vorabend der französischen Revolution die Diagnose und Definition eines ganzen Zeitalters gab:

„Aufklärung ist der Ausgang des Menschen aus seiner selbst verschuldeten Unmündigkeit“ (AA, viii 35). Als Unmündigkeit ist dabei „das Unvermögen, sich seines Verstandes ohne Leitung eines anderen zu bedienen“ (ebd.) definiert. Diese ist selbstverschuldet, insofern nicht begrenzte Geisteskräfte das eigene Denken verhindern, sondern Faulheit und Feigheit dessen Ursachen sind. Es ist bequemer und weniger gefährlich, sich von anderen vorsagen zu lassen, was zu denken richtig sei, als selbst zu denken, zumal dann, wenn ein Abweichen der eigenen Meinung vom vorgegebenen Denken sanktioniert wird. Daher ist für Kant die Parole der Aufklärung: „Sapere aude! – Habe Muth, dich deines eigenen Verstandes zu bedienen!“ (ebd.).

Damit lässt sich Kants gesamtes philosophisches Programm als eine Philosophie der Aufklärung verstehen. Angefangen von der kopernikanischen Wende der theoretischen Philosophie, welche von Grund auf den Verstand ins Zentrum selbst der Bedingungen der eigenen Erkenntnisgegenstände stellte, über die Vernunftethik, welche alleine die individuelle Willensbestimmung nach allgemeinen Vernunftvorgaben in der Forderung des Kategorischen Imperativs gelten ließ, bis zu der damit verbundenen Bestimmung des Menschen hinsichtlich seiner Persönlichkeit als absolutem Wert und Zweck an sich selbst, verbunden mit den Ideen von Freiheit und Autonomie, ist Kants Denken durchdrungen vom Gedanken einer selbstverantwortlichen, weil aus sich selbst heraus ihre Gegenstände bestimmenden Vernunft, deren unkorrumpierbarer Autonomiestatus zum Leuchtfeuer des Zeitalters der Aufklärung wurde.

Zum ewigen Frieden

1795 verfasste Kant eine Schrift, welche die Gedanken der Aufklärung in den Kontext des Verhältnisses der Staaten untereinander übertrug und welche eine enorme politische Utopie umriss: die Vorstellung ewigen Friedens. Diese Schrift kann bis zum heutigen Tag als die einzige gelten, welchen den Frieden selbst zu einem Thema von philosophischem Rang erhebt – erstaunlich angesichts der Bedeutung, welche die Frage von Krieg und Frieden doch für die Menschheit zu allen Zeiten hatte. Umso höher ist die Bedeutung dieses Werkes in der heutigen politischen Philosophie. Vielleicht kann man gar sagen: dass die Zeit für dieses Werk im Zuge der fortschreitenden Globalisierung der politischen und ökonomischen Verhältnisse erst gekommen ist.

Der ewige Friede, den Kant in diesem „philosophischen Entwurf" (AA, viii 341) zeichnet, ist kein realitätsferner, unerreichbarer Zustand, nicht lediglich ein süßer Traum der Vernunft, so sehr die Geschichte gegen die Vorstellung ewig währender Friedenszeiten sprechen mag. Sondern Kant umreißt darin in der Form eines Friedensvertragswerks die konkreten institutionellen und zwischenstaatlichen Vorbedingungen für dauerhaften Frieden zwischen den Staaten überhaupt.

Vergleichbar mit dem Aufklärungsgedanken der Autonomie freier Wesen betrachtet Kant das Verhältnis zwischen den Staaten. Aus den Artikeln des idealen Friedensvertrags wird schnell klar, dass sie aus dem Prinzip der staatlichen Selbstbestimmung entwickelt sind: „Kein Staat soll sich in die Verfassung und Regierung eines anderen Staates gewaltthätig einmischen" (AA, viii 346). Kein bestehender Staat soll von einem anderen erworben werden können. In den vertraglichen Verhältnissen zwischen den Staaten sollen nicht bereits die Keimzellen zukünftiger

Kriege gelegt werden. Frieden muss vorbehaltlos geschlossen werden; es soll keine geheimen Abmachungen geben.

Hinzu kommen weitere politische Grundbedingungen: die Staaten sollen republikanisch sein. Sie sollen ihre stehenden Heere allmählich aufgeben, „denn sie bedrohen andere Staaten unaufhörlich mit Krieg durch die Bereitschaft, immer dazu gerüstet zu erscheinen" (AA, viii 345). Sie sollen sich in wechselseitigen Rechtsverhältnissen als ein „Föderalism[us] freier Staaten" (AA, viii 354), d.h., in einem Völkerbund zusammenschließen.

In dieser Idee des Völkerrechts liegt nach Kant zuletzt die Idee des ewigen Friedens beschlossen. Denn das Völkerrecht schließt Krieg dadurch aus, dass Krieg immer einseitig, durch Gewalt Rechte durchzusetzen trachte, während das Prinzip des Völkerrechts gerade darin bestehe, dass Staaten in gegenseitiger Beschränkung Rechtsverhältnisse miteinander eingehen. Demnach ist Krieg als einseitige gewaltsame Inanspruchnahme des Rechts immer völkerrechtswidrig. Die Vereinten Nationen oder das internationale Tribunal in Den Haag können heute als Institutionen gelten, in welchen sich die kantische Utopie ewigen Friedens international institutionalisiert hat.

Die Religionsschrift

Die transzendentale Dialektik hatte die Religion in der Form der rationalen Theologie berührt. Indem Kant dort durch Widerlegung der Gottesbeweise und der Aufdeckung des dialektischen Grundes der Idee Gottes als eines Ideals der Vernunft ihre Ansprüche auf Beweisbarkeit widerlegt hatte, blieb Gott dennoch als regulative Idee mit praktischer Relevanz bestehen. Das Ideal Gottes hatte die positive Funktion, den Menschen praktisch zu leiten. Auch wenn wir von keinem vollkommenen Wesen wissen können, so gibt doch die Idee eines vollkommenen Wesens „das Richtmaß unserer Handlungen [als eines,] womit wir uns vergleichen, beurtheilen und dadurch uns bessern, obgleich [wir] es niemals erreichen können" (KrV, B 597).

In der *Kritik der praktischen Vernunft* fasste Kant die Existenz Gottes als Postulat (Forderung) der praktischen Vernunft, um die Möglichkeit einer der Sittlichkeit entsprechenden Glückseligkeit zu gewähren. Denn moralische Lebensführung gemäß dem Kategorischen Imperativ reichte ja lediglich dahin, dass durch sie die Glückswürdigkeit erreicht werden konnte – während der eigentliche Zustand der Glückseligkeit sich anderen Ursachen verdankte. Im Postulat der praktischen Vernunft spricht sich der Gedanke aus, dass es eine der „Sittlichkeit angemessene[.] Glückseligkeit" (KpV, v 124) geben müsse, weil es der Vernunft unerträglich zu sein scheint, dass zuletzt die Bösen zwar unwürdig, aber doch glücklich, und die Guten würdig im Unglück verbleiben. Diese könne aber durch keine andere Ursache herbeigeführt werden, als durch Gott.

Diesen Gedanken entwickelte Kant in einer eigenen Schrift zur Religion weiter: *Die Religion innerhalb der Grenzen der bloßen Vernunft* (1793). Schon der Titel stellt klar, welche Stellung der Religion im Ganzen der Philosophie Kants maximal zukommen kann: Die Vernunft selbst stellt die Bedingungen für sie auf und nur innerhalb ihrer Grenzen ist Religion als Gegenstand der Philosophie möglich. Das mittelalterliche Verhältnis von der Philosophie als Magd der Religion hat sich bei Kant umgekehrt. Religion steht unter der Bedingung der Vernunft-Philosophie, nicht umgekehrt. Die Religion Kants ist Vernunftreligion – und Moralreligion, da es die praktische Vernunft ist, welcher das positive Element der dialektischen Gottesidee entspricht.

Innerhalb dieser Konstellation geht es Kant auch primär um die Möglichkeit des Religiösen überhaupt und dessen Status innerhalb des Vernunftsystems – und weniger um seine Ausgestaltung in den historischen Formen der verschiedenen realen Religionen – wenngleich Kant dem Christentum besondere Aufmerksamkeit schenkt.

Da es nur eine Vernunft gibt, entspricht der systematischen Vernunfttheologie auch nur *eine* Religion; deren vielfältige historische Formen müssen demnach auch eine gemeinsame Wurzel haben. Das heißt so viel, als dass die jedermann qua Vernunftvermögen natürlich gegebene Religion zwar auch zusätzlich geoffenbart sein kann, dies aber keinesfalls deren Bedingung ist: wenn die Religion auf der Vernunft basiert, dann hätten „die Menschen durch den bloßen Gebrauch ihrer Vernunft auf sie von selbst [...] kommen können" (AA, vi 155). Es ist augenscheinlich, dass Kant mit dieser Auffassung auch hinsichtlich der Religion aufklärerisch die Autonomie der Vernunft ins Zentrum stellt und die Autorität von Schrift, Theologie und Institution marginalisiert. Und in der Tat erhielt Kant in den späten 1790er Jahren wegen der Religionsschrift Probleme mit der zwischenzeitlich verschärften Preußischen Zensur.

Die Metaphysik der Sitten

Die *Metaphysik der Sitten* (1797) ist Kants letztes umfangreiches Werk. Dem Namen nach scheint sie die Einlösung des Versprechens der *Grundlegung zur Metaphysik der Sitten* zu sein, eben der Grundlegung das eigentlich doktrinale Werk folgen zu lassen, aber nicht nur der zeitliche Abstand zwischen beiden Schriften lässt Zweifel daran aufkommen, ob Kant dieser 12 Jahre zuvor geplanten Systematik treu geblieben ist.

Die Metaphysik der Sitten, dem Namen nach die eigentlich inhaltliche Morallehre, besteht aus zwei Teilen: einer Rechts- und einer Tugendlehre. Dies greift zunächst die Unterscheidung zwischen Legalität und Moralität auf, mittels welcher Kant in der *Grundlegung* Handlungen, die lediglich gesetzesgemäß sind, von solchen unterschied, die aus Achtung vor dem Moralgesetz geschehen. Dies wird nun übertragen auf die Unterscheidung zwischen juristischer und Moralgesetzgebung. Dabei bleiben die verschiedenen Arten der Beziehung zu den Gesetzen bestehen: das Rechtsgesetz verlangt nur die „Übereinstimmung [...] einer Handlung mit dem Gesetze, ohne Rücksicht auf die Triebfeder derselben" (MS, vi 219). Nur die Einhaltung der Gesetze, nicht aber die innere Loyalität zu diesen kann rechtlich verlangt werden.

In der Rechtslehre versucht Kant, Naturrechtsgedanken des 18. Jahrhunderts auf der Basis seiner Ethik des Kategorischen Imperativs neu zu begründen. So definiert er:

> *Eine jede Handlung ist recht, die oder nach deren Maxime die Freiheit der Willkür eines jeden mit jedermanns Freiheit nach einem allgemeinen Gesetze zusammen bestehen kann.* (MS, vi 230)

Kurz: die Grenze meiner eigenen Freiheit ist die Freiheit der anderen. Es ist zu sehen, dass im Verallgemeinerungsprinzip der Maximen auf der Basis von freier Willkür der Kerngedanke der Ethik Kants durchscheint. Zugleich wird deutlich, wie der Völkerrechtsgedanke der Schrift *Zum ewigen Frieden* als Übertragung des Rechtsprinzips zwischen Personen auf ein solches zwischen Staaten zustande kam. Dies führt Kant zu einer Systematik von äußeren Rechtspflichten gegen sich und andere, welche dann in der Tugendlehre in den inneren Tugendpflichten (gegen sich und andere) ihr Äquivalent finden. Eine äußere Verpflichtung zur Tugend kann es dabei wiederum nicht geben, denn der Sinn der inneren Verpflichtung rührt gerade aus der Selbstverpflichtung der praktischen

Vernunft. Gesetzgebungen, die nicht Handlungen sondern Haltungen vorschreiben, sind tyrannisch.

Die Grundunterscheidung von Rechts- und Tugendpflichten führt Kant der Sache nach bereits in den Beispielen der Grundlegung vor. Dort unterschied Kant einerseits zwischen vollkommenen und unvollkommenen Pflichten und andererseits zwischen Pflichten gegen sich selbst und Pflichten gegen andere (GMS, iv 421). Den vollkommenen Pflichten, welche keine Ausnahme gestatten, entsprechen nun die Rechtspflichten, die unvollkommenen den Tugendpflichten. Die Rechtspflichten sind Verbote, etwa (gegen andere) zu stehlen oder (gegen sich) sich zu töten, die Tugendpflichten sind Gebote, etwa (gegen andere) in Not zu helfen oder (gegen sich) die eigenen Talente zu fördern.

Wirkung

Die Wirkung Kants ist ungeheuer. Sie setzte schon im Laufe des ‚kritischen Jahrzehnts' mit zunehmender Wucht ein und hat bis heute nichts von ihrer Kraft eingebüßt. Noch ehe 1787 die zweite Auflage der *Kritik der reinen Vernunft* herausgegeben wurde, erschienen mehrere Werke, die dieses Werk zu kommentieren und erklären versuchten.

Eine ganze Generation von Dichtern und Philosophen stand danach unmittelbar unter dem Einfluss des Werks Kants. Schiller und Kleist haben bekannt, dass die Begegnung mit dem Transzendentalen Idealismus *die* prägende intellektuelle Erfahrung ihres Lebens gewesen sei. Hauptfiguren der romantischen Dichter-Generation wie Jean Paul oder die Schlegel-Brüder sahen ihr Werk in der Kontinuität von Impulsen, die sie von Kant empfangen hatten. Kultur-, Religions- und Sprachtheoretiker wie Hamann, Herder und Wilhelm von Humboldt, aber auch Schleiermacher entwickelten ihre eigenständigen Theorien in der Auseinandersetzung mit und der Kritik an den Schwierigkeiten und Defiziten, welche sie in der Philosophie Kants wahrnahmen.

Insbesondere jedoch begann noch in den 1790er Jahren die junge Generation von Philosophen, Kant begeistert und intensiv zu rezipieren und seine Grundgedanken weiterzuentwickeln. Als Versuch, Kants Werk zu vollenden und zu überbieten, entstand die Geistesströmung, die heute als *Deutscher Idealismus* in die Geschichtsbücher eingegangen ist. Schelling und Hegel lasen gemeinsam mit Hölderlin in ihrer Studienzeit am Tübinger Stift die ‚avantgardistischen' Schriften Kants und entwickelten daraus die Grundkonzepte ihrer eigenen Philosophie zunächst als Vollendungen und schließlich als Überbietungen des kantischen Systems. Dasselbe gilt für Fichte. Allen ist gemeinsam, dass sie nach einer anfänglich affirmativen Phase in einer anschließenden Phase der Auseinandersetzung mit den Schwierigkeiten der kantischen Philosophie diese zunehmend auf ihre Grundprinzipien zurückführten. Bezeichnend hierfür ist die Diagnose des erst 19-jährigen Schelling in einem Brief an Hegel vom Januar 1795: „Kant hat die Resultate gegeben: die Prämissen fehlen noch." Im Versuch, solche Prämissen zu finden, entwickelte sich der Deutsche Idealismus dann auch von Kant fort; man kann keiner Philosophie neue Prämissen unterschieben, ohne sie im Kern zu verändern. So kam es auch, dass zuletzt Schelling, Hegel und Fichte sich nicht nur zunehmend von Kant weg, sondern auch gegenseitig auseinaner entwickelten und zuletzt ihre je ganz eigene Form idealistischen Denkens vielfach in schroffer Absetzung zu Kant stand. Auch gab es neben dem gemeinsamen unmittelbaren Anstoß des eigenen Philosophierens durch die *Kritik der reinen Vernunft* unter diesem Dreigestirn des Deutschen Idealismus deutliche Divergenzen in der Interessenlage an Kant. So waren für Fichte das Ich der transzendentalen Apperzeption und der Wille als selbst praktisch tätige Vernunft die wesentlichen Elemente in Kants Philosophie, welche Fichte in der Idee eines sich selbst in einer Tathandlung setzenden Ichs neu begründen wollte. Für Hegel waren die transzendentale Dialektik und Kants Religionsphilosophie die zentralen Anknüpfungspunkte, aus denen er jeweils nicht nur eine begrenzend-kritische, sondern eine eigenständig positive Seite entwickelte. Schelling zuletzt interessierte sich hauptsächlich wegen der systematischen Einheit der Gesamtphilosophie und der Naturphilosophie für die *Kritik der Urteilskraft*.

Hegel war unter den Deutschen Idealisten im 19. Jahrhundert der bei Weitem wirkungsmächtigste. So kam es, dass sich der Blick auf die Idealistische Philosophie zunehmend von Kant zu Hegel verlagerte, und dass auch Kant selbst zunehmend in Hegels Perspektive, gar als dessen bloßer Vorläufer, angesehen wurde. Erst gegen Ende des 19. Jahrhunderts formierte sich eine neue Strömung, welche diese Sicht der Dinge wieder umkehrte. Nach ihr war nicht Kant ein Vorläufer des Deutschen Idealismus und insbesondere Hegels als dessen Vollendung, sondern umgekehrt der Deutsche Idealismus eine Verfälschung der ursprünglichen Philosophie Kants. Die Konsequenz aus diesem Gedanken lag auf der Hand: „Also muss auf Kant zurückgegangen werden" (Liebmann, S. 110 u. a.). Sie wurde zum markanten Leitspruch einer ungemein einflussreichen, ja bis weit ins 20. Jahrhundert hinein dominierenden Strömung der akademischen Philosophie in Deutschland, des so genannten Neukantianismus.

Das Hauptinteresse des Neukantianismus galt der theoretischen Philosophie Kants, welche er als eine Erkenntnistheorie zur Begründung der Natur- und auch Geisteswissenschaften (jedoch nicht der Metaphysik) betrachtete. Mit den Namen Cohen, Natorp, Windelband, Cassirer, und Rickert sind lediglich die wichtigsten dieser Bewegung genannt.

So entstanden wiederum auch die neuen Strömungen der Phänomenologie und der Existenzphilosophie, die sich vom Neukantianismus absetzten, in mittelbarer Auseinandersetzung mit Kant, welcher nicht nur als Gegenposition, sondern zunehmend auch als befruchtender Gesprächspartner angesehen wurde. Husserl, der Begründer der Phänomenologie, etwa sah diese zwar als eigenständige Wissenschaft mit eigener Methodik und eigenen Prämissen, nannte sie aber zugleich nicht nur eine „Kritik der theoretischen Vernunft", sondern bezeichnete gar sein gesamtes Verfahren in der Tradition Kants als „Transzendentalphilosophie". Heidegger war mit Husserl gemein, dass er Kant im Gegensatz zum Neukantianismus unter der Perspektive eines Letztbegründungsversuchs von Sein und Erkennen las (*Kant und das Problem der Metaphysik*). Nach dem Zweiten Weltkrieg entstanden neue Verbindungen des Interesses an Kant, welche die Auseinandersetzung bis heute prägen. P.F. Strawson (*Die Grenzen des Sinns*) brachte Kants theoretische Philosophie als ernstzunehmendes Angebot in die Diskussion der zunächst antimetaphysisch (und damit auch anti-kantisch) auftretenden (sprach-)analytischen Philosophie ein. Dies ist, wenn man Kants urteilsanalytischen Ansatz berücksichtigt, auch unmittelbar einleuchtend: geht es ihm doch gleichfalls von Anfang an um die Frage der Rechtfertigung und Anwendungsberechtigung von Sätzen über die Welt. In Kants Beschränkung empirischer Sätze auf die Grenzen der Möglichkeit von Erfahrung sieht Strawson dementsprechend Kants Sinn-Prinzip: Sätze, die diese Grenze überschreiten, sind sinnlos.

Aber auch Kants Ethik ist von kaum zu überbietender Aktualität. Denn die grundsätzliche Begründungsproblematik der Ethik steht unter einer Konkurrenz universalistischer und relativistischer Positionen. Bei dieser meta-ethischen Frage geht es darum, ob jede Begründung ethischer Prinzipien und der entsprechenden Moral abhängig ist von prinzipiell wandelbaren Umständen kultureller, sozialer oder personaler Art (Relativismus) oder ob es die Möglichkeit der Begründung einer Ethik gibt, welche für alle Zeiten und alle Umstände gilt (Universalismus). Nun ist klar, dass Kants Ethik des Kategorischen Imperativs als

Prototyp einer solchen universalistischen Ethik gelten kann. Und in der Tat verhält es sich so, dass alle modernen universalistischen Ethiken wie die Diskursethik Habermas' und die Gerechtigkeitstheorie Rawls' in der expliziten Nachfolgerschaft Kants stehen. Und dies nicht nur, weil Kant mit aller Vehemenz die Position vertreten hat, dass eine Moralphilosophie grundsätzlich universalistisch sein müsse und sich auf relativistischer Grundlage gar keine Moral begründen lasse, sondern auch weil das Verallgemeinerungsprinzip des Kategorischen Imperativs als das methodische Instrument zur Etablierung einer solchen Ethik in alle ihre modernen Ausprägungen Eingang gefunden hat.

Zuletzt ist die unmittelbare Kant-Forschung selbst von enormer Vitalität. Seit 1904 gibt es mit den *Kant-Studien* ein viermal jährlich erscheinendes kontinuierliches Publikationsorgan der Kant-Forschung. Bei den alle 5 Jahre stattfindenden Internationalen Kant-Kongressen haben die Akten, in welchen die Vorträge publiziert werden, einen Umfang von mehr als 3000 Seiten erreicht. Die jährliche Anzahl an Publikationen zu Kant in der Form von Übersetzungen, Neuausgaben, Monographien und Artikeln zu Leben und Werk hat die Grenze von 1000 überschritten; das heißt: jeden Tag erscheinen etwa 3 Publikationen zu Kant.

Dies liegt auch daran, dass wie bei allen bedeutenden Klassikern der Philosophie die Beschäftigung mit dem Denken Kants nicht lediglich von historischem Interesse ist. Hierfür wiederum ist ein Grund, dass Kant Theoriekonzepte entwickelt hat, welche sich unter wechselnden Konstellationen ungemein fruchtbar im Zusammenhang immer neuer Fragestellungen lesen und sich mit einer fast unglaublichen Vielfalt von theoretischen Ansätzen verbinden lassen, ohne dass sie durch diese einfach vereinnahmt würden. Der Hauptgrund für die anhaltend intensive Auseinadersetzung mit Kant kann darin gesehen werden, dass die Tiefe der Probleme, die Kant gesehen und zu lösen unternommen hat, noch lange nicht ausgelotet ist. So ist der Kampf der Kant-Interpreten um das rechte Verständnis seiner Philosophie in all ihren Facetten über alle exegetischen Fragestellungen nach dem, das Kant selbst gemeint haben könnte, immer ein sachlicher Kampf darum, mit welchem Verständnis der Theorie Kants man diese Probleme am ehesten als gelöst ansehen kann. Insofern solche Probleme nicht historisch relativiert werden, sondern ihre grundsätzliche Dimension offengehalten wird und man sie demnach als Menschheitsprobleme, also solche, die alle zu allen Zeit angehen, auffasst, zeigt sich Kant als ein Denker, dessen Fragen und Antworten auch zu jeder Zeit von eindringlicher Relevanz bleiben.

Zentrale Stellen

Was ist Aufklärung?, AA viii, S. 33–42; *Zum ewigen Frieden*, AA viii, S. 341–386, *Die Religion innerhalb der Grenzen der bloßen Vernunft*, AA vi, S. 1–202; *Die Metaphysik der Sitten*, AA vi, S. 203–492.

Literatur

Dietmar H. Heidemann/Kristina Engelhard (Hg.), *Warum Kant heute?* Berlin und New York, 2010.

Otfried Höffe, *„Königliche Völker“*. Zu Kants kosmopolitischer Rechts- und Friedenstheorie. Frankfurt, 2001.

Wolfgang Kersting, *Wohlgeordnete Freiheit*. Immanuel Kants Rechts- und Staatsphilosophie. Paderborn, 3. Aufl. 2007.

Anhang

Zeittafel

1724	Kant wird am 22. April in Königsberg/Preußen (heute: Kaliningrad/Russland) geboren
1737	Tod der Mutter
1740–46	Studium der Philosophie, Mathematik und der Naturwissenschaften an der Universität Königsberg
1746	Tod des Vaters
1748–1754	Hauslehrertätigkeit bei verschiedenen Familien in der Nähe Königsbergs
1749	Publikation des ersten Buchs: *Gedanken von der wahren Schätzung der lebendigen Kräfte*
1755	*Allgemeine Naturgeschichte und Theorie des Himmels*. Promotion und Lehrbefugnis an der Universität Königsberg. Dort Privatdozent bis 1770. Erfolglose Bewerbung um eine Philosophieprofessur in Königsberg. Seinerseits Ablehnung verschiedener anderer Professuren
1763	*Der einzig mögliche Beweisgrund zu einer Demonstration des Daseins Gottes*
1764	*Beobachtungen über das Gefühl des Schönen und Erhabenen*
1766	*Träume eines Geistersehers, erläutert durch Träume der Metaphysik*
1770	Professur für Logik und Metaphysik in Königsberg
1770–1781	Ausarbeitung der *Kritik der reinen Vernunft*
1781	*Kritik der reinen Vernunft*
1783	*Prolegomena zu einer jeglichen Metaphysik, die als Wissenschaft wird auftreten können*
1784	Aufsatz: *Was ist Aufklärung?*
1785	*Grundlegung zur Metaphysik der Sitte*
1786	*Metaphysische Anfangsgründe der Naturwissenschaft*. Kant wird Rektor der Universität Königsberg. Aufnahme in die Berliner Akademie der Wissenschaften
1787	*Kritik der reinen Vernunft*, 2. Auflage
1788	*Kritik der praktischen Vernunft*
1790	*Kritik der Urteilskraft*
1793	*Die Religion innerhalb der Grenzen der bloßen Vernunft*

1795	*Zum ewigen Frieden*
1797	*Die Metaphysik der Sitten*
1798	Der *Streit der Fakultäten* und *Anthropologie in pragmatischer Hinsicht*
Ab 1800	Zunehmende Verschlechterung seiner Gesundheit
1804	Kant stirbt am 12. Februar

Siglenverzeichnis

AA	= Immanuel Kant's gesammelte Schriften. Hg. von der Königlich Preußischen Akademie der Wissenschaften und Nachfolgern. 29 Bde. Berlin, 1902 ff.
GMS	= *Grundlegung zur Metaphysik der Sitten*. In: Kants gesammelte Schriften. Hg. von der Königlichen Preußischen Akademie der Wissenschaften (Akademieausgabe), Berlin, 1903. Bd. iv, S. 385–463.
KpV	= *Kritik der praktischen Vernunft*. In: Kants gesammelte Schriften. Hg. von der Königlichen Preußischen Akademie der Wissenschaften (Akademieausgabe), Berlin, 1905. Bd. v, S. 1–163.
KrV	= *Kritik der reinen Vernunft*. Erste Originalausgabe Riga 1781 (A) und zweite Originalausgabe Riga 1787 (B).
KU	= *Kritik der Urteilskraft*. In: Kants gesammelte Schriften. Hg. von der Königlichen Preußischen Akademie der Wissenschaften (Akademieausgabe), Berlin 1908. Bd. v, S. 165–485.
MS	= *Metaphysik der Sitten*. In: Kants gesammelte Schriften. Hg. von der Königlichen Preußischen Akademie der Wissenschaften (Akademieausgabe), Berlin 1903. Bd. vi, S. 203–495.
Prol.	= *Prolegomena zu einer jeden künftigen Metaphysik, die als Wissenschaft wird auftreten können*. In: Kants gesammelte Schriften. Hg. von der Königlichen Preußischen Akademie der Wissenschaften (Akademieausgabe), Berlin 1903. Bd. iv, S. 253–383.

Literatur

I. Werke Kants

a) Standardausgabe:

Immanuel Kant's gesammelte Schriften. Hg. von der Königlich Preußischen Akademie der Wissenschaften und Nachfolgern. 29 Bde. Berlin, 1902 ff.

b) weitere Ausgaben

Immanuel Kant: *Kritik der reinen Vernunft*. Nach der ersten und zweiten Originalausgabe hg. von Jens Timmermann. Hamburg, 1998.

Immanuel Kant: *Prolegomena zu einer jeden künftigen Metaphysik, die als Wissenschaft wird auftreten können*. Hg. von Karl Vorländer. Durchgesehener Nachdruck der 6. Auflage. Hamburg, 1976.

Immanuel Kant: *Grundlegung zur Metaphysik der Sitten*. Mit einer Einleitung hg. von Bernd Kraft und Dieter Schönecker. Hamburg, 1999.

Immanuel Kant: *Grundlegung zur Metaphysik der Sitten*. Kommentar von Christoph Horn, Corinna Mieth und Nico Scarano. Frankfurt, 2007.

Immanuel Kant: *Kritik der praktischen Vernunft*. Hg. von Karl Vorländer. Zehnte, erweiterte Auflage. Hamburg, 1990.

Immanuel Kant: *Kritik der Urteilskraft*. Mit einer Einleitung hg. von Heiner F. Klemme. Hamburg, 2001.

Immanuel Kant: *Schriften zur Ästhetik und Naturphilosophie* (= Werke III). Hg. von Manfred Frank und Véronique Zanetti. Frankfurt/Main, 1996.

Immanuel Kant: *Theoretische Philosophie*. Texte und Kommentar. 3 Bde. Hg. von Georg Mohr. Frankfurt/Main, 2004.

II. Literatur zu Kant

Allison, Henry E.: *Kant's Transcendental Idealism*. An Interpretation and defence. New Haven und London, 1983.

ders.: *Kant's Theory of Freedom*. Cambridge, 1990.

Ameriks, Karl: *Kant's Theory of Mind*. Oxford, 1982.

ders./Sturma, Dieter (Hg.): *Kants Ethik*. Paderborn, 2004.

Beck, Lewis White: *Kants „Kritik der praktischen Vernunft"*. Ein Kommentar. München, 1974.

ders.: *Essays on Kant and Hume*. New Haven und London, 1978.

Bennett, Jonathan: *Kants's Dialectic*. Cambridge, 1974.

Bittner, Rüdiger: Handlungen und Wirkungen. In: Prauss, Gerold (Hg.): *Handlungstheorie und Transzendentalphilosophie*. Frankfurt/Main, 1986. S. 13–26.

Brandt, Reinhard: *Die Bestimmung des Menschen bei Kant*. Hamburg, 2. Aufl. 2009.

Carl, Wolfgang: *Die transzendentale Deduktion der Kategorien in der ersten Auflage der Kritik der reinen Vernunft*. Ein Kommentar. Frankfurt/Main, 1992.

Farr, Wolfgang (Hg.): *Hume und Kant*. Interpretation und Diskussion. Freiburg, und München, 1982.

Fischer, Norbert (Hg.): *Kants Grundlegung einer kritischen Metaphysik*. Einführung in die ‚Kritik der reinen Vernunft'. Hamburg, 2010.

Forschner, Maximilian: *Gesetz und Freiheit*. Zum Problem der Autonomie bei I. Kant. München, 1974.

Frank, Manfred/ Zanetti, Véronique: Kommentar zur Kritik der Urteilskraft. In: dieselben (Hg.): *Immanuel Kant, Schriften zur Ästhetik und Naturphilosophie.* Text und Kommentar. Frankfurt/Main, 2001. Bd 3., S. 1206–1338.

Gerlach, Stefan: *Wie ist Freiheit möglich?* Eine Untersuchung über das Lösungspotential zum Determinismusproblem in Kants ‚Kritik der reinen Vernunft'. Tübingen, 2010.

Gloy, Karen: *Die Kantische Theorie der Naturwissenschaft.* Eine Strukturanalyse ihrer Möglichkeit, ihres Umfangs und ihrer Grenzen. Berlin und New York, 1976.

Guyer, Paul (Hg.): *The Cambridge Companion to Kant.* Cambridge, 1992.

ders.: *The Cambridge Companion to Kant's Critique of Pure Reason.* Cambridge, 2010.

Heidemann, Dietmar H./Engelhard, Kristina (Hg.): *Warum Kant heute?* Berlin und New York, 2010.

Heimsoeth, Heinz: *Transzendentale Dialektik.* Ein Kommentar zu Kants Kritik der reinen Vernunft. 4 Bde., Berlin, 1967 ff.

Henrich, Dieter: *Identität und Objektivität.* Eine Untersuchung über Kants transzendentale Deduktion. Heidelberg, 1976.

Höffe, Otfried: *Immanuel Kant.* München, 7. Aufl. 2007.

ders. (Hg.): *Grundlegung zur Metaphysik der Sitten.* Ein kooperativer Kommentar. Frankfurt/Main, 1989.

ders.: *„Königliche Völker".* Zu Kants kosmopolitischer Rechts- und Friedenstheorie. Frankfurt, 2001.

ders.: *Kants Kritik der reinen Vernunft.* Die Grundlegung der modernen Philosophie. München, 2003.

ders. (Hg.): *Immanuel Kant. Kritik der Urteilskraft* (= Klassiker Auslegen 33). Berlin, 2008.

Kersting, Wolfgang: *Wohlgeordnete Freiheit.* Immanuel Kants Rechts- und Staatsphilosophie. Paderborn, 3. Aufl. 2007.

Klimmek, Nikolai F.: *Kants System der transzendentalen Ideen.* (Kant-Studien Ergänzungshefte 147) Berlin, 2005.

Kühn, Manfred: *Kant.* Eine Biographie. München, 2003.

Liebmann, Otto: Kant und die Epigonen. Stuttgart, 1965.

McLaughlin, Peter: *Kants Kritik der teleologischen Urteilskraft.* Bonn, 1989.

Mohr, Georg/Willaschek, Marcus (Hg.): *Immanuel Kant. Kritik der reinen Vernunft.* (Klassiker Auslegen 17/18). Berlin, 1998.

Mudroch, Vilem: *Kants Theorie der physikalischen Gesetze.* Berlin und New York, 1987.

Natterer, Paul: *Systematischer Kommentar zur ‚Kritik der reinen Vernunft'.* Interdisziplinäre Bilanz der Kantforschung seit 1945. Berlin und New York, 2003.

Oberer, Hariolf/Seel, Gerhard (Hg.): *Kant.* Analysen – Probleme – Kritik. 3 Bde. Würzburg 1988, 1996 und 1997.

Paton, Herbert James: *Der kategorische Imperativ.* Eine Untersuchung über Kants Moralphilosophie. Berlin, 1962.

ders.: Kants Metaphysik der Erfahrung. In: Kopper, Joachim und Malter, Rudolf (Hg.): *Materialien zu Kants ‚Kritik der reinen Vernunft'*, Frankfurt/Main, 1975. S. 134–172.

Prauss, Gerold: *Kant und das Problem der Dinge an sich.* Bonn, 1974.

ders. (Hg.): *Handlungstheorie und Transzendentalphilosophie.* Frankfurt/Main, 1986.

Rang, Bernhard: Naturnotwendigkeit und Freiheit. Zu Kants Theorie der Kausalität als Antwort auf Hume. In: *Kant-Studien* 81, 1990. S. 24–56.

Rohs, Peter: *Transzendentale* Ästhetik. Meisenheim, 1973.

ders.: *Transzendentale Logik.* Meisenheim, 1976.

ders.: In welchem Sinne ist das Kausalprinzip eine ‚Bedingung der Möglichkeit von Erfahrung'?. In: *Kant-Studien* 76, 1985, S. 436–456.

ders.: Die transzendentale Deduktion als Lösung von Invarianzproblemen. In: *Kants transzendentale Deduktion und die Möglichkeit von Transzendentalphilosophie.* Hg. v. Forum für Philosophie Bad Homburg. Frankfurt/Main, 1988. S. 135–192.

ders.: Noch einmal: das Kausalprinzip als Bedingung der Möglichkeit von Erfahrung. In: *Kant-Studien* 83, 1992. S. 84–96.

Sala, Giovanni B.: *Kants ‚Kritik der praktischen Vernunft'.* Ein Kommentar. Darmstadt, 2004.

Schattenmann, Marc: *Wohlgeordnete Welt.* Immanuel Kants politische Philosophie in ihren systematischen Grundzügen. München, 2006.

Schönecker, Dieter/Wood, Allen: *Kants ‚Grundlegung zur Metaphysik der Sitten'.* Ein einführender Kommentar. Paderborn, 2002.

Schönecker, Dieter: *Kants Begriff transzendentaler und praktischer Freiheit.* Eine entwicklungsgeschichtliche Studie. Berlin und New York, 2005.

Schmucker, Josef: *Das Weltproblem in Kants Kritik der reinen Vernunft.* Kommentar und Strukturanalyse des ersten Buches und des zweiten Hauptstücks des zweiten Buches der transzendentalen Dialektik. Bonn, 1990.

Steigleder, Klaus: *Kants Moralphilosophie.* Die Selbstbezüglichkeit reiner praktischer Vernunft. Stuttgart und Weimar, 2002.

Stolzenberg, Jürgen (Hg.): *Kant in der Gegenwart.* Berlin, 2007.

Strawson, Peter F.: *Die Grenzen des Sinns.* Ein Kommentar zu Kants ‚Kritik der reinen Vernunft'. Dt: Frankfurt/Main, 1992.

Timmermann, Jens: *Sittengesetz und Freiheit.* Berlin und New York, 2003.

Thöle, Bernhard: *Kant und das Problem der Gesetzmäßigkeit der Natur.* Berlin, 1991.

Watkins, Eric: *Kant and the Sciences.* Oxford, 2001.

Wieland, Wolfgang: *Urteil und Gefühl.* Kants Theorie der Urteilskraft. Göttingen, 2001.

Willaschek, Marcus: *Praktische Vernunft.* Die Theorie des Handelns und die handlungstheoretische Begründung der Moral bei Kant. Stuttgart, 1992.

ders.: Der transzendentale Idealismus und die Idealität von Raum und Zeit. Eine ‚lückenlose' Interpretation von Kants Beweis in der ‚Transzendentalen Ästhetik'. In: *Zeitschrift für philosophische Forschung* 51, 1997. S. 537–564.

ders.: Die Mehrdeutigkeit der kantischen Unterscheidung zwischen Dingen an sich und Erscheinungen. Zur Debatte um Zwei-Aspekte- und Zwei-Welten-Interpretation des transzendentalen Idealismus. In: Gerhardt, V. (Hg.): *Kant und die Berliner Aufklärung.* Akten des IX. internationalen Kant-Kongresses. Berlin und New York, 2001. Bd. 2. S. 679–690.

Personenregister

Sachregister